中国人工智能合规建设与知识产权法律实务

王红燕 / 著

AI

人工智能AI+法律

中国法制出版社
CHINA LEGAL PUBLISHING HOUSE

推荐序一

随着时代的发展，人工智能已经成为新一轮科技革命和产业变革的重要驱动力量。习近平总书记指出，“把新一代人工智能作为推动科技跨越发展、产业优化升级、生产力整体跃升的驱动力量，努力实现高质量发展”。

技术创新挑战法律规范，法律需要对技术的发展进行调整、规范、引导、优化；同时，技术的改变与进步又会革新法律制度，改变人类的生活模式和法治范式。2017年10月26日，沙特阿拉伯授予汉森机器人公司生产的机器人索菲亚以公民身份，引发了关于法律主体本质的思考。

人工智能作为一种通用技术不断涌现，并在整个经济和社会中得到广泛的应用，随之而来出现了一些根本性的问题。人工智能的创新和创造是否需要知识产权激励？人类发明和创造的价值与人工智能创新和创造的价值应该如何平衡？人工智能的出现是否要求改变现有的知识产权框架？这些问题成为现有知识产权制度的核心。

2017年，清华大学法学院陆续组织了“法律、科技与人文论坛”“智律论坛”“大数据论坛”“互联网治理全球论坛”等一系列学术活动，2018年清华大学在全国率先设立“计算法学”，同时连续5年举办了一年一度的“计算法学国际论坛”，就是对近年来互联网的发展、大数据、区块链、云计算、人工智能引发的新兴问题做出的积极法律回应。

针对人工智能领域中的知识产权问题，世界知识产权组织（WIPO）前总干事弗朗西斯·高锐（Francis Gurry）博士在专访中谈到，知识产权制度的基本目标是鼓励新技术和创造性工作，并为发明创造提供可持续的经济基础。人工智能技术的广泛使用也将改变专利、外观设计、文学和艺术作品等固有的知识产权概念。

近年来，中国知识产权的发展日益受到重视和关注，在推动我国知识产权事业发展的过程中，理论和实践的结合与互动是密不可分的，学术界通过对各类实务争议进行理论研究和解释，实务界基于前沿问题的理论研究来指导实践。奋战在实务一线的知识产权律师，他们的专业素养在一定程度上代表着我国的知识产权业务水平。知识产权律师不仅需要对知识产权相关法律法规有精深的研究，而且要对相关技术有准确的理解。

中伦律师事务所合伙人王红燕邀请我为其所著《中国人工智能合规建设与知识产权法律实务》作序，此书是对近年来人工智能领域知识产权及其相关领域法律、行业热点和实务操作的探讨和分析，不仅有对实际办案经验的总结，也有结合典型案例对相关法律法规作出的深入解读，包含了知识产权律师对知识产权法律、实践的思考和钻研，体现了知识产权律师的专业精神和职业素养。此书是理论联系实际的佳作，有助于提升知识产权从业人员的业务水平。

党的十八大以来，以习近平同志为核心的党中央高度重视企业合规，如何在实现人工智能行业健康快速发展的同时兼顾合规，引发了相关企业主、法务总监和合规总监的高度重视，此书从知识产权合规管理角度，就企业如何做好专利、商标、著作权等各类知识产权的申请、取得、维护等工作，强化商业秘密、个人信息、数据安全保护，推动算法和科技伦理合规，规范科技创新成果许可和转让，防范应对知识产权侵权行为等多个方面，给出了非常务实的合规建议。

作为以办案为主的律师，能够在忙碌的工作中，就实践中遇到的难点和热点问题进行思考和研究，并总结经验，愿与同行分享，实属难能可贵，我对这部高质量的实务指引即将出版，感到由衷的高兴。

申卫星
清华大学法学院教授、博士生导师

推荐序二

科技是第一生产力，人才是第一资源，创新是第一动力。作为对创新的产权制度安排和激励机制，知识产权制度是创新原动力的基本保障，而创新是知识产权的源泉。世界知识产权组织发布的《2022年全球创新指数报告》显示，中国从2012年的第34位上升到2021年的第11位，10年间上升23位，标志着中国既是国际前沿创新的重要参与者，也是共同解决全球性问题的重要贡献者。

10年来，我国重大创新成果不断涌现，科技实力跃上新台阶。新能源汽车、新型显示产业规模均居全球第一，人工智能产业跻身世界前列；量子计算原型机、三维量子霍尔效应、凯勒几何核心猜想等科学前沿领域取得重大原创性突破；人工智能在许多领域取得丰硕的成果，尤其是在模式识别与问题求解、专家系统与机器学习、机器翻译等领域取得突破性进展。

过去10年间，民法典、专利法、商标法、著作权法、反不正当竞争法等涉知识产权法律不断得到完善。同时，我国一方面注重深耕传统优势领域，不断加强传统知识、民间文艺、遗传资源等领域知识产权保护规则的制定；另一方面积极适应新技术、新领域、新业态发展需要，加快推进大数据、人工智能、基因技术等方面知识产权保护制度的建立。

中伦律师事务所合伙人王红燕律师撰写的《中国人工智能合规建设

与知识产权法律实务》一书，对人工智能涉及的数据合规风险、开源合规风险、算法推荐技术的合规风险、个人信息和隐私保护风险、伦理安全风险和出口管制问题进行了提示和预警，并从人工智能技术领域中的著作权保护现状、专利保护现状、商标保护现状、商业秘密保护特点等角度展开了分析，对人工智能领域的专利纠纷案例、商业秘密纠纷案例、不正当竞争纠纷案例、著作权纠纷案例、开源软件的诉讼纠纷案例进行总结和归纳，对人工智能企业的知识产权管理、人工智能领域的知识产权许可和转让、投融资并购、科创板上市等方面给予实践建议。

目前我国大部分企业，尤其是中小微企业，还存在知识产权保护意识不强、对知识产权价值的认识不足、知识产权保护能力水平与企业整体发展不匹配等问题，导致知识产权激励创新的作用难以有效发挥。此书为人工智能领域的企业知识产权同行们提供了非常有针对性的指导，可以回应创新主体的现实需求和热点关切，值得学习和借鉴。希望此书为激发人工智能企业、科研机构创新活力，更好地发挥知识产权作为国家发展战略性资源和国际竞争力核心要素的关键作用，推动实现建设科技强国的目标作出一定的贡献。

袁继新

之江实验室副主任

推荐序三

自1956年达特茅斯学院会议至今，人工智能的发展已走过66年历程。可以说，人工智能构成了所有计算机学习的基础，也代表着所有复杂决策的未来。

从技术、经济、产品等各个层面研究人工智能行业的书籍、论文可谓浩如烟海，然而，专门剖析人工智能法律实务的书籍却凤毛麟角。

王红燕律师所著《中国人工智能合规建设与知识产权法律实务》一书，从人工智能的知识产权问题切入，深入解析了人工智能行业在知识产权方面的复杂问题，比如人工智能生成物的著作权归属、人工智能技术的可专利性问题等。同时，本书延伸至人工智能在产业应用方面可能产生的合规风险及伦理问题，例如聚焦社会热点所关注的算法合规问题，并给出了作者深度思考的建议。

全书既有对人工智能行业全貌深入浅出的讲解，又有对法理疑难问题的深度剖析，更是力求探寻企业创新与发展的平衡点，为企业发展中所涉及的具体法律问题提出了切实可行的中肯建议。

无论对于法学院的学生，还是对于人工智能从业者、法律实务工作者而言，本书都是一本不可多得的教材、工具书、实务指南。

徐驰

思摩尔国际总法律顾问

推荐序四

翻开《中国人工智能合规建设与知识产权法律实务》一书的目录便眼前一亮，阅读全书后更是感触良多。

该书从人工智能领域知识产权法律工作实践，到人工智能企业知识产权管理和法律合规，从传统的知识产权布局到人工智能伦理和出口管制合规等前沿话题，其内涵之深入、外延之广泛，都令人印象深刻。

对于一个在人工智能企业工作多年的知识产权管理者，如果几年前看到这本书，相信会在工作中受到不少启发，今天看到它仍让我受益良多。

希望它出现在更多朋友的案头，可以帮助到更多人工智能以及其他领域的法律工作者！

刘婵

商汤科技IP总监

自 序

人工智能从诞生至今已有60多年的发展历史，在经历过两次发展浪潮后，以深度学习技术的推出为标志，迎来了第三次发展浪潮，人工智能技术从理论研究逐渐转向商业产品和服务中的使用。随着人工智能技术在各个产业领域扮演的角色越来越关键，一方面，国家通过法律法规、部门规章和政策文件积极引导和推动人工智能技术的发展；另一方面，国家通过立法或政策方式指引人工智能产业明确价值取向和规范发展方向，对人工智能技术的开发和应用进行了法律规制并提出了更多的合规要求。

本书分为上下两编，上编为人工智能与合规建设，下编为人工智能与知识产权，分别从人工智能领域的数据合规、开源技术、算法推荐技术、个人信息与隐私保护、科技伦理、出口管制、著作权、专利、商标、商业秘密、不正当竞争、投融资并购、科创板上市等多个维度展开论述。

人工智能与合规建设编对人工智能涉及的数据合规风险、开源合规风险、算法推荐技术的合规风险、个人信息和隐私保护风险、伦理安全风险和出口管制问题进行了提示和预警。

人工智能与知识产权编包括三个章节，分别是人工智能领域的知识产权保护、人工智能领域的知识产权纠纷应对、人工智能领域的知识产权管理与运营。在人工智能领域的知识产权保护一章中，本书不仅对人工智能领域的著作权保护现状、专利保护现状、商标保护现状、商业秘密保护特点进行了梳理，还对人工智能技术的发展所引发的新型法律问题展开了分析，包括人工智能生成物的可著作权性问题、机器学习涉及的著作权问题、人工智能技术的可专利性问题、人工智能生成发明创造的专利保护等。在人工智能领域的知识产权纠纷应对一章中，本书通过解读人工智能领域的著作权侵权纠纷案例、专利侵权纠纷案例、商业秘密纠纷案例、开源软件的诉讼纠纷案例、不正当竞争纠纷案例，对不同类型知识产权纠纷的取证方法、侵权认定、裁判要点等方面进行总结和归纳。在人工智能领域的知识产权管理与运营一章中，本书着重对人工智能企业的知识产权管理、知识产权许可和转让、人工智能领域的投融资并购、科创板上市等方面给予实践建议。

本书旨在结合目前人工智能技术的保护现状和诉讼纠纷案例，通过上述多个维度的分析和探讨，明晰法律风险，给予人工智能企业实践建议和合规指导，释放知识产权价值，协助共同推进人工智能产业的发展。

目录
CONTENTS

上编　人工智能与合规建设

第一章　人工智能领域合规建设与出口管制　/ 003

第一节　人工智能企业的数据合规挑战　/ 003

一、人工智能技术与数据保护的冲突　/ 004

二、数据融合带来的挑战与应对　/ 005

三、个人信息保护合规工具运用　/ 006

第二节　人工智能企业的开源合规风险及管理建议　/ 007

一、开源的相关概念　/ 009

二、开源技术在人工智能产业中的应用　/ 010

三、开源软件对人工智能技术发展的影响　/ 014

四、人工智能企业的开源合规风险　/ 018

五、人工智能企业的开源合规管理建议　/ 029

第三节　人工智能算法推荐技术的合规风险　/ 035

一、算法推荐技术是人工智能产业的重要基础　/ 035

二、我国涉人工智能算法推荐技术立法现状　/ 038

三、我国人工智能算法推荐技术备案规范　/ 040

四、人工智能算法推荐技术合规要点　/ 046

第四节　人工智能引发的个人信息与隐私保护　/ 049
一、隐私保护与人工智能技术的关系　/ 050
二、人工智能侵犯个人信息及隐私权益的机理　/ 051
三、隐私合规工具的使用与整改思路　/ 052
第五节　人工智能技术的伦理安全风险　/ 055
一、各国关于人工智能伦理的法律体系建设　/ 055
二、人工智能带来的伦理风险　/ 060
三、人工智能企业伦理合规建议　/ 063
第六节　人工智能技术的出口管制问题　/ 064
一、我国涉技术出口管制制度立法现状　/ 064
二、我国人工智能技术出口审批规范　/ 068
三、人工智能技术出口管制合规建议　/ 076

下　编　人工智能与知识产权

第二章　人工智能领域的知识产权保护　/ 081
第一节　人工智能领域的著作权保护　/ 081
一、人工智能领域的著作权保护现状　/ 081
二、人工智能生成物的知识产权保护之著作权视角　/ 089
三、机器学习作品的类型化及其著作权侵权责任　/ 100
第二节　人工智能领域的专利保护　/ 110
一、人工智能技术的专利保护现状　/ 110
二、人工智能发明创造的专利保护制度——以DABUS案为切入　/ 118
第三节　人工智能领域的商标保护　/ 125
一、人工智能领域的商标保护现状　/ 125
二、人工智能领域的商标注册及布局策略　/ 131
第四节　人工智能领域的商业秘密保护　/ 139

一、人工智能领域的商业秘密保护特点 / 139
二、人工智能商业秘密保护优势与风险 / 140
三、人工智能领域商业秘密保护建议 / 145

第三章 人工智能领域的知识产权纠纷应对 / 147

第一节 人工智能领域的计算机软件著作权侵权纠纷 / 147
一、计算机软件著作权的侵权判断 / 148
二、"接触可能性"标准在计算机软件著作权侵权案件中的认定 / 149
三、"实质性相似"标准在计算机软件著作权侵权案件中的认定 / 149

第二节 人工智能领域的专利侵权纠纷 / 153
一、人工智能领域的专利纠纷案件所需的证据 / 154
二、人工智能专利侵权纠纷及取证方法 / 155
三、人工智能专利行政纠纷及取证方法 / 157

第三节 人工智能领域的商业秘密纠纷案例 / 159
一、商业秘密保护的背景信息 / 159
二、人工智能领域的商业秘密纠纷及其核心问题 / 160

第四节 开源软件的诉讼纠纷案例 / 168
一、开源许可协议介绍 / 168
二、开源软件诉讼纠纷及其核心问题 / 172

第五节 人工智能涉数据、算法的不正当竞争行为规制 / 182
一、人工智能时代涉数据、算法的不正当竞争行为 / 183
二、涉数据、算法等技术的不正当竞争行为的分类 / 188
三、涉数据、算法的不正当竞争行为的法律规制 / 190
四、对经营者开展涉数据、算法的商业竞争行为的实践建议 / 194

第四章 人工智能领域的知识产权管理与运营 / 197

第一节 人工智能企业的知识产权管理实践探讨 / 197
一、人工智能企业知识产权管理策略和重点 / 198
二、人工智能企业知识产权管理制度 / 199
三、人工智能企业知识产权布局和风险管理 / 201

第二节 人工智能领域的知识产权许可和转让 / 208
一、基本概念及背景 / 208
二、人工智能领域技术合同特点 / 210
三、人工智能领域技术合同之改进成果 / 210
四、人工智能领域技术合同之保证条款 / 212
五、人工智能领域知识产权许可之不质疑条款 / 214
六、人工智能领域知识产权许可或转让涉及进出口合规 / 214
第三节 人工智能领域的投融资并购 / 216
一、人工智能领域的投融资概况 / 216
二、人工智能领域投融资重要法律问题 / 217
第四节 人工智能企业科创板上市知识产权审核要点 / 221
一、科创板上市的知识产权审核规则 / 222
二、人工智能企业科创板上市的知识产权审核要点 / 224
三、拟科创板上市人工智能企业知识产权合规建议 / 228

上 编

人工智能与合规建设

第一章　人工智能领域合规建设与出口管制

第一节　人工智能企业的数据合规挑战

人工智能（Artificial Intelligence，AI）是一门让机器实现人类智能的计算机科学，通过计算机来模拟人的某些思维过程和智能行为（如学习、推理、思考、规划等），主要包括计算机实现智能的原理、制造类似于人脑智能的计算机，从而实现计算机更高层次的应用。

人工智能通过学习、推理、思考、规划等行为，衍生出机器视觉、指纹识别、人脸识别、视网膜识别、虹膜识别、掌纹识别、专家系统、自动规划、智能搜索、定理证明、博弈、自动程序设计、智能控制、机器人学、语言和图像理解、遗传编程等功能，辐射的领域几乎影响到生活的方方面面。

反过来说，人工智能发展最关键的环节之一就是数据的“喂养”，要实现上述功能，必须在该领域内收集足够的数据信息资料，再进行不断的学习和实践优化功能。因此，人工智能企业会从大量的个人（C端）用户、合作方收集信息和数据，并且进行数据分类、融合和商业化运用。

在此期间，会遇到以下比较集中的类型化合规风险。

一、人工智能技术与数据保护的冲突

人工智能企业获取的数据属于企业的生产资料，主要分为个人信息和运营数据、消费者行为数据等类型，其获取数据信息的主要渠道分为自行采集［通过产品设备、网站、应用程序（App）注册和使用等］、数据交易和共享以及公开网络数据抓取三种。这三种数据抓取的渠道又分别面临不同类型的数据合规风险。

第一，从产品设备和网站、App处收集的以顾客的个人信息和使用数据为主，主要是为了优化产品的使用体验，进行技术更新等，此类数据将会被再次投入产品的研发过程，再在之后的服务中反馈给客户，价值较高，属于企业核心的数据资产。对于相关个人信息和数据的权属，通常企业会通过隐私协议等方式向客户索取数据使用的授权，此时涉及在后续产品迭代过程中，对个人数据的使用是否与隐私协议中约定相一致，是否严格在最小必要范围内处理个人数据等问题。

第二，从第三方合作伙伴处共享的数据，一般此类数据已经经过清洗、整合，形成了数据资产，双方会进行数据交易并签署正式的协议，共同或委托对数据进行处理。由于此类数据并非从数据主体处直接收集，或者是其他公司的数据资产，故合作伙伴的数据合规工作调研就成为工作重点。数据来源清洁、合作方合规工作到位、双方协议中的权利责任分配等，是这部分数据的合规工作的重点。

第三，通过技术抓取的数据，数量庞大且来源广泛，除了授权问题之外，还应更进一步关注数据本身以及抓取行为的风险，避免发生不正当竞争的风险。

二、数据融合带来的挑战与应对

如前所述，企业从多方收集了足够量的数据之后，即会对相关数据进行处理、融合。数据融合可能发生在集团企业内部子公司之间，也可能发生在与第三方合作方之间。

相对而言，企业的内部数据融合风险较小且可控，但是需要重点注意的是，实务中，常有企业产生误区，认为集团企业项下的不同主体数据可以任意使用，不需要再次获取授权。而集团企业内部即使是为了企业管理、优化效率等目的，且相关数据并非商用，不同子公司之间也需要签署相关的授权协议和数据传输协议，甚至在个人信息保护法强制规定的场景下，还需要使用个人信息安全影响评估等合规工具。

而就外部数据融合而言，将面临更多的合规风险。尤其是数据获取和管理的文本处理和内控制度管控问题，其核心是确保数据处理的合规性和安全性。目前，监管部门处理违法行为的原则是推定过错责任，因此企业作为数据的处理方和责任方，必须保证数据处理链路的合规性以及完整性。需要注意的是，此处的合规性和完整性必须做到留痕，有相应的文本文件（包括但不限于合同、制度、评估和审计报告等），必要时应该使用数据分类分级、隐私影响评价（Privacy Impact Assessment，PIA）、数据审计等工具，以保证证明材料的有效性。

同时，从数据融合的下游合作方角度来看，数据下游应用的链条越多、应用越深，风险就越多。应该基于合作方的数据处理角色（如共同处理、委托处理、转让、共享等），判断下游合作方处理的权限，对于合作方有合规要求约定的，还应进行有效监督。

三、个人信息保护合规工具运用

上文提及，必要时数据处理方应该使用数据分类分级、PIA、数据审计等工具，保证证明材料的有效性，其中PIA和数据审计是目前较为通行的做法。尤其对于个人数据存量较多，形成企业核心数据资产的人工智能企业而言，新产品上线、更新迭代、发生个人信息委托处理和提供等情况的，仅仅签署协议约定双方权责效用较弱，需要企业进行实际的评估和评估后的监督。尤其是委托处理，必须开展PIA并配合后续的复核验证，保证受托方在权限内进行数据处理，并且有足够的数据安全保护能力达到合同约定的相关标准。根据《信息安全技术　个人信息安全影响评估指南》（GB/T 39335—2020）规定，企业在新产品或服务设计阶段、上线阶段、重要法律法规发生变更、业务模式变更、发生重大个人信息保护事件后都需要开展PIA评估，同时重点产品还应该进行年度评估。因此，PIA并非一劳永逸，而是需要定期反复开展。如前所述，如果业务合作方发生数据安全事件，PIA评估报告将会成为企业重要的合规证明工具。

另外，也可以定期开展数据安全审计工作，目前已经有较多的企业在落地数据合规制度，委托外部律所进行合同修订、制度起草等工作。但是企业应当关注的是，数据合规工作的重点其实是发生在收到律师起草的成套文本之后，如何落地才是合规工作的关隘所在。对于文本和合同的使用效果、制度的实施情况、网络安全保护的有效性等问题，都需要在内容落地一段时间后再返回检查，以保证数据合规工作落实到位。

总体而言，相较于传统行业，人工智能企业的数据更新速度更快、类目更多，随着技术的快速发展，还会有各类数据处理的新场景出现。因此尤其需要重视数据合规工作的时效性，确保与企业的主营业务发展有效衔接，方能保证数据安全保护制度并非一纸空文，而是协同助力企业的合规发展。

第二节 人工智能企业的开源合规风险及管理建议

1956年，计算机专家约翰·麦卡锡提出了“人工智能”①一词，主要是指利用计算机技术模仿人类思维的工具，这也被人们认为是人工智能正式诞生的标志。在这之后的几十年时间里，计算机技术的发展使得机器人、语言识别、图像识别、自然语言处理等技术的发展获得了突飞猛进的进步，人工智能时代的开启越来越近。

2022年6月，第六届世界智能大会发布了《中国新一代人工智能科技产业发展报告（2022）》。该报告显示，人工智能技术赋能广泛分布在19个应用领域。其中，2021年排名前六的领域分别是企业智能管理、智慧城市、智能营销与新零售、智能制造、智能网联汽车和智能金融，占比超过50%。其中，自2017年以来，智能营销和新零售、智能制造、智能网联汽车、智能教育、智慧文旅和智能农业是技术合作关系数增长较快

---

① 早期的人工智能还只是一个设想，英国数学家、逻辑学家图灵在提出一项关于检测机器是否具备人类智能的猜想，即让被测试者（人）向人与机器询问问题，如30%以上的被测试者无法分辨做出回答的是人还是机器，即说明该机器具备了像人一样的思考能力。这是最早对人工智能概念进行解释的观点之一，同时也为后来的人工智能技术的研发奠定了基础。

的应用领域。①

然而，人工智能技术在发展的同时也带来了诸多社会问题，例如部分工种逐渐因技术的进步而消失、造成了社会失业人群比例上浮、不知情的机器操控等情况。2021年4月21日，为促进欧盟地区人工智能技术的使用、投资和创新，欧盟委员会通过了《人工智能法》提案，旨在建立关于人工智能技术的统一规则。根据欧盟委员会的定义，人工智能技术是指采用官方所列明的一种或多种技术和方法开发的软件，并且能够针对特定人群或具体目标产生诸如内容、预测、建议或决定等一系列影响其交互环境的输出技术。提案将人工智能技术可能存在的风险分为不可接受的风险、高风险、有限的风险和极小的风险，希望通过有效的监督措施推动人工智能技术的良性发展。

近年来，开源技术蓬勃发展，在不同行业领域中的渗透不断加深。例如，2005年谷歌公司通过收购安卓公司掌控了开源智能终端操作系统安卓（Android），从而在安卓手机产业中占据了霸主地位；2010年甲骨文公司通过收购开源数据库MySQL增强了其在数据库领域的领先地位；2018年国际商业机器公司（IBM）通过收购开源软件供应商红帽（Red Hat）增强了其在服务器市场的竞争力。一直以来都非常抗拒拥抱开源的英伟达（NVIDIA）也在近期出人意料地宣布以GPL/MIT双重许可正式开源其版本为R515的Linux GPU内核模块。据NVIDIA的说法，此举只是该公司更广泛的开源计划的第一步。上述事件以及类似甲骨文、NVIDIA这类早期坚决抵制开源的巨头企业对开源态度的转变，无不表明开源创新与协同能够有力推动产业的发展进程。因此，开源技术在人工智能产

---

① 《〈中国新一代人工智能科技产业发展报告(2022)〉发布》，载光明网，https://m.gmw.cn/baijia/2022-06/27/35840687.html，最后访问时间：2022年11月14日。

业中的应用，也将对该产业产生积极影响。

2021年3月12日，《中华人民共和国国民经济和社会发展第十四个五年规划和2035年远景目标纲要》发布，明确指出要“支持数字技术开源社区等创新联合体发展，完善开源知识产权和法律体系，鼓励企业开放软件源代码、硬件设计和应用服务”。随后在2021年12月27日，国务院知识产权战略实施工作部际联席会议办公室印发《知识产权强国建设纲要和“十四五”规划实施年度推进计划》的通知，提出完善新兴领域和特定领域知识产权规则，包括：研究制定大数据、人工智能、区块链、基因技术等新领域新业态知识产权保护规则；研究制定信息技术开源知识产权合规标准、开源社区代码贡献规则标准等，开展行业开源知识产权风险及合规问题研究，加强行业开源知识产权合规评估与培训。上述文件都显示出开源技术在应用过程中必然涉及众多的知识产权风险问题。

因此，以下围绕开源软件及开源技术展开讨论。

一、开源的相关概念

开源是一种在软硬件开发、数据与信息共享中广泛采用的开放式协作模式，协作的产出物应该符合开源许可证条款的要求。[①]由此看出，开源既不单指开源软件，也不是一种商业模式，而是一种开放式协作模式。协作的产出物可以是软件、小程序、数据库、文档等，每一种产出物都可以根据其特点选择不同的开源许可证。例如，软件可以选择适用通用

① 谭中意：《开源到底是什么？——开源是一种协作模式（答复osc开源知产活动相关问题）》，载开源博客，https://my.oschina.net/u/3742410/blog/5520919，最后访问时间：2022年10月20日。

公共许可证（General Public License，GPL）协议用以保护用户的自由度；小程序可以选择适用Apache协议，通过其专利报复条款以避免用户就作品或作品中所涉及的贡献起诉专利侵权；对于开发者已经使用现有的以非自由或不严格许可证发布的数据库，可以选择适用GNU宽通用公共许可（Lesser General Public License，LGPL）协议；教程、参考手册等文档可以选择适用GNU自由文档许可证（GNU Free Documentation License，GFDL）或知识共享许可证（Creative Commons license，CC协议）。①

二、开源技术在人工智能产业中的应用

（一）人工智能产业中的开源软件

根据开放源代码促进会（Open Source Initiative，OSI）官网的信息②，开源软件的定义最初源于Debian自由软件指南（DFSG），之后布鲁斯·佩伦斯（Bruce Perens）从Debian自由软件指南中删除特别提到Debian的部分，作为开源软件的定义。开源软件不仅仅意味着访问源代码。开源软件的分发条款必须符合以下十项标准（OSD标准）：（1）可自由地再发布；（2）源代码公开；（3）允许派生作品；（4）作者源代码的完整性；（5）不能歧视任何个人和团队；（6）不能歧视任何领域；（7）许可协议的发布；（8）许可协议不能针对某个产品；（9）许可协议不能约束其他软

① 《如何为你的作品选择一份许可证》，载GNU官网，https://www.gnu.org/licenses/license-recom mendations.html，最后访问时间：2022年10月20日。

② "History of the OSI"，Open Source Initiative，https://opensource.org/history，最后访问时间：2022年10月20日。

件；（10）许可协议必须独立于技术。[①]

在人工智能浪潮再次掀起时，越来越多的人工智能企业选择了软件开源。人工智能产业链通常分为基础层、技术层和应用层三个层次。技术层包含计算机视觉、自然语言识别、机器学习和深度学习等关键技术。目前，人工智能产业中的开源软件技术主要集中在机器学习，尤其是深度学习领域，并且已产生了一批在业内具有深远影响力的开源机器学习框架。例如，谷歌在Apache开源许可证2.0下发布了TensorFlow。TensorFlow提供一个使用数据流图的数值计算库，可在单/多颗CPU或GPU系统甚至移动设备上运行；[②]脸书（Facebook，现为Meta）推出了Caffe2框架；百度推出了深度学习平台飞桨（PaddlePaddle）等。

（二）人工智能产业中的开源硬件

开源软件的出现大大缩短了软件行业的开发周期，提高了软件开发效率。而在硬件领域，特别是芯片设计，每个模块的设计和验证都关系到最终流片的成功与否，如果使用的开源组件成熟度不高，导致芯片流片后出现故障（bug），会大大增加芯片的研发成本和设计周期，因而使得目前很多开源组件难以在芯片领域实施。但是如果开源组件能够保证足够的品质，将大大缩短芯片的设计周期，降低研发成本。因此，近年来，人工智能芯片越来越受到关注，人工智能芯片需要执行大量的矩阵乘法等计算。目前，典型的开源芯片项目包括RISC-V和NVDLA。

2010年，美国加州大学伯克利分校（UCB）推出基于精简指令集计

① “The Open Source Definition”, Open Source Initiative, https://opensource.org/docs/osd，最后访问时间：2022年10月20日。

② 何宝宏主编：《开源法则》，人民邮电出版社2020年版，第11页。

算（RISC）原理建立的开源处理器指令集RISC-V，成为目前最成功的开源芯片项目，可以免费使用并允许任何人设计、制造和销售RISC-V芯片及软件。基于RISC-V开源指令集可以设计服务器计算芯片、家用电器计算芯片、工控计算芯片和比指头小的传感器计算芯片。预期在未来的异构计算和物联网（Internet of Things，IoT）领域都会得到广泛应用。①

NVDLA是NVIDIA推出的基于Xavier的开源深度学习推理加速器，面向终端片上系统（SoC）推理场景，其模块化结构适合在物联网设备上进行扩展。NVDLA可以让SoC厂商免费使用并根据需求修改框架。但需要注意的是，虽然使用NVDLA免费，但是修改时不可避免地要使用到NVIDIA生态下的其他工具，比如用TensorRT优化深度学习模型，从而帮助推动NVDLA生态的构建等。②

（三）人工智能产业中的开源数据

人工智能技术广泛应用于手机、汽车、家电、安防、医疗、教育、金融等领域，人工智能技术在这些应用领域的突破依赖于海量的训练数据，伴随着应用场景的快速发展，数据开源会成为一种新的趋势。

一方面，目前，在人工智能领域存在若干标准数据集，如机器视觉领域的MNIST、CIFAR、ImageNet，自然语言领域的WikiText、SQuAD、Billion Words、Stanford Sentiment Treebank，语音识别领域的2000 HUB5 English、CHIME，推荐系统领域的Million Song Dataset等。这些数据集在推动人工智能算法优化、工程开发等方面起到了重要作用。如果各个

---

① “About risc-v”，https://riscv.org/about/，最后访问时间：2022年10月20日。

② “NVDLA Open Source Project：Documentation”，http://nvdla.org/，最后访问时间：2022年10月20日。

公司都独自开发不同的数据集，数据集的定义、格式、接口等差异很大，会导致开发出来的人工智能程序不能兼容和互操作，将影响人工智能平台的集成式性能。另一方面，人工智能技术所使用的海量训练数据需要提前标注，高质量的标注数据会影响人工智能公司的竞争力。数据标注有许多类型，如分类、画框、注释、标记等，不同类型的标注可以根据行业、需求、目标、语言等要素进一步细分，导致不同机构标注的同类数据，甚至相同数据，标注差异都很明显，不利于后续的分析和处理。①基于上述两方面的原因，如果在保证企业商业秘密和数据安全的前提下，推动数据开源，不仅可以减少重复数据采集、数据标注和数据处理工作，提高工作效率，降低企业开发成本，而且可以促进相同应用领域的企业之间的合作，共同推动人工智能产业的发展。

全球数据库流行度排行榜网站DB-Engines数据显示，截至2020年9月，全球开源数据库共182个，已超过商业数据库，②比较知名的包括Apache软件基金会（Apache Software Foundation，ASF）的Hadoop、Spark，国内有华为的Apache CarbonData等。此外，还有一些保护开源数据的法律框架，如Linux基金会发起了社区数据许可协议（Community Data License Agreement，CDLA），用于在个人和组织之间公开、共享和使用数据。

① 国家人工智能标准化总体组：《人工智能开源与标准化研究报告》，2019年4月发布，http://www.cesi.cn/images/editor/20190425/20190425143108915001.pdf，最后访问时间：2022年10月20日。

② 中国信息通信研究院：《开源生态白皮书（2020年）》，2020年10月发布，载中国信息通信研究院官网，http://www.caict.ac.cn/kxyj/qwfb/bps/202010/P020201211560823978082.pdf，第6页，最后访问时间：2022年11月14日。

三、开源软件对人工智能技术发展的影响

（一）什么是开源软件

开源软件对人工智能技术的发展至关重要，了解开源软件的法律性质是使用开源软件的前提。开源软件通常被认为是指开放源代码的软件，任何人都可以查看、修改或者增加其源代码。开源软件与专有软件不同，专有软件的使用需要经过作者的同意或者获得授权，一般情况下还需要支付费用。而开源软件是由其作者将源代码公开在网络上，任何人都可以依据开源协议的要求使用相应的源代码。开源软件仍然属于作品，受到著作权的保护，开源软件的作者仍然对其公开的源代码享有著作权。需要明确的是，没有任何前提地公开源代码，并不意味着任何人都可以随意使用。相反，根据各国著作权法的一般规定，著作权人对源代码享有权利，任何人不得未经同意复制、使用、传播其作品。因此，如果作者希望更多的人能够来使用、修改、完善自己发布的代码，其可以通过选择相应的开源协议，通过建立作者与使用者之间的授权许可关系，免除使用者的侵权责任。

（二）与开源软件有关的机构

既然开源协议对使用者的行为提出了相应的要求，那么又由谁来保证使用者实际遵循了这些要求呢？1985年，理查德·马修·斯托曼（Richard Matthew Stallman，RMS）发起成立了自由软件基金会（Free Software Foundation，FSF），它是一个致力于促进计算机用户自由的非营

利性组织。最初成立该组织的目的是促进自由软件的开发，目前该协会自身就拥有GNU操作系统的版权。除此之外，通过协议签署，自由软件基金会已经拥有大多数GNU软件和其他一些自由软件的版权，以便自由软件基金会可以通过诉讼方式约束使用者履行开源协议项下的义务。

早在2008年，思科公司（Cisco）曾因为其销售的无线路由器Linksys WRT54G的固件中使用了GNU/Linux系统但未向用户发布所有的源代码而遭到自由软件基金会的起诉。在此之前的几年中，自由软件基金会一直尝试与思科公司沟通希望说服其主动发布产品源代码，但是并没有得到有效回复。在诉讼过程中，双方最终达成和解，思科公司将任命一名免费软件总监，负责使Linksys品牌产品符合GPL授权方式，并向自由软件基金会汇报相关情况。思科公司还将告知现有Linksys客户他们的权利，并在网站上发布产品源代码，将源代码反馈给自由软件基金会。

除了拥有开源软件版权的机构之外，开源软件的作者自身也可以依据开源协议的内容进行维权。社区维权被认为是更理想的维权方式，不过在开源社区中，大多数人认为更主要的努力方向是促使使用人合规，而不是惩罚。[①]

（三）开源协议的主要类型

1.开源协议的主要内容

开源协议是软件开源时使用了许可证，其主要作用是规定了许可内容，以便使用人能够自由地使用作者发布的源代码，而不必担心侵犯他

① 《如何应对开源软件的版权牟利者？开源律师说这样做！》，载搜狐网，https://www.sohu.com/a/201032826_261288，最后访问时间：2022年10月20日。

人版权的问题。一般的软件许可协议中会规定许可使用的期间、地域范围，权利类型，许可的具体权利，如复制、修改、传播、收费等权利。某些开源协议中还会对与代码有关的专利许可进行约定。

2. 常见的开源协议

目前，比较常用的开源协议有GNU通用公共许可证（GNU General Public License，GNU GPL）、Apache许可证2.0（Apache License version 2.0）、BSD许可证（BSD licenses）、宽通用公共许可证（Lesser General Public License，LGPL）、MIT许可证（MIT license）、Mozilla公共许可证1.1版本（Mozilla Public License version 1.1，MPL-1.1）和通用公共许可证1.0版本（Common Public License 1.0，CPL-1.0）等，已有的开源协议达80多种。以下介绍几种常见的开源协议（表1-1）。

表1-1　常见的开源协议

类　型	简　　介
通用公共许可证 GPL	由自由软件基金会发行的用于计算机软件的许可证。目前大多数的GNU程序和超过半数的自由软件使用此许可证，知名的Linux就是采用了GPL。GPL允许代码的免费使用和引用、修改，并且要求修改后和衍生的代码作为闭源的商业软件发布和销售。这就导致任何基于GPL许可证项下代码修改的衍生产品在向公众提供的同时需要公开其源代码。支持者认为GPL保证了代码自由的延续，任何基于前人智力成果创作的新产物也必须向公众免费公开；而反对者则认为，GPL的强制开源要求会导致企业不再愿意选择为GPL的开源代码的创新作贡献，因为它们不愿意将自己的衍生产品开源。
宽通用公共许可证 LGPL	它允许将衍生产品作为闭源产品，这也是考虑到私有软件闭源的需求，促进开源软件的应用和推广。这也是使用GPL发布的开源软件风险度较高的原因所在，绝大多数诉讼都是由于企业未能发布应用GPL开源软件衍生品的源代码而引发的。

续表

类 型	简 介
Apache许可证2.0	其允许代码修改再发布，且不需要强制衍生产品的开源。但是如果修改了代码，需要在被修改的文件中作出说明。在衍生产品中需要包括源代码中的协议、商标、专利声明和其他原作者规定需要包含的说明。Apache License对于商业应用来说是较为友好的许可类型，使用者可以修改代码并作为自己的商业产品进行销售。
MIT许可证	MIT许可证是更为宽松的许可证类型，使用者可以使用、复制、修改软件，并且将其作为商业软件发布，MIT许可证唯一的限制就是在软件和软件的所有副本中必须包含版权声明和MIT许可声明。

（四）开源软件对人工智能技术发展的影响

人工智能技术的发展离不开基础研究的深入，这一技术的发展非常迅速，科技巨头们都在着眼于构建具有活力的开源社区，以便拓展自身的开源生态圈。例如，2015年，谷歌推出了其开源框架解决方案TensorFlow，它是一个用于机器智能的开源软件库，吸引了不同的企业到这个平台训练它们的模型，这个系统的通用性使其也可广泛应用于其他计算领域。Facebook也推出了Caffe2框架，旨在让微软和亚马逊等主要市场参与者和社交网络的PyTorch框架一起使用这个平台。[①]开源平台的发展确实让企业获得了更多的创新力量，它们推出的深度学习开源平台在全球人工智能领域占有很大的份额。2021年7月8日，中国科学院院士梅宏在2021世界人工智能大会上提出，人工智能的快速发展离不开代码

① 《格局可能会改变？科技巨头们正在使用开源框架来主导人工智能社区》，载腾讯云“ATYUN订阅号”，https://cloud.tencent.com/developer/article/1051255，最后访问时间：2022年10月21日。

开源和数据开放，高质量的开放数据促进了深度学习算法突飞猛进，深度学习框架极大地提升了算法开发的效率，两者相辅相成。①

在大数据产品领域中，基本上所有的数据库产品都绕不开使用MariaDB 、PostgreSQL和MongoDB等开源数据库的核心代码。著名手机系统——安卓系统也采用了Linux内核项目，而该项目本身也是开源软件。开源软件的运用使得其他使用者无须从零开始开发一个全新的系统，只需要在已有的开源项目的基础上进行修改和定制即可，最重要的是，开源软件通常是免费的，这在很大程度上刺激了行业创新的积极性。

我国的人工智能开源项目正处于起步阶段，2018年中国人工智能开源软件发展联盟发布的《中国人工智能开源软件发展白皮书（2018）》中指出，人工智能开源软件是驱动人工智能技术创新和应用的重要支撑力量。②2021年《中华人民共和国国民经济和社会发展第十四个五年规划和2035年远景目标纲要》中也指出，“支持数字技术开源社区等创新联合体发展，完善开源知识产权和法律体系，鼓励企业开放软件源代码、硬件设计和应用服务”。目前，我国已经打造了OpenI启智平台、之江天枢人工智能开源平台等项目，为人工智能行业的发展提供新动力。

四、人工智能企业的开源合规风险

人工智能企业在引入、使用、修改、分发开源技术时，可能会触发

---

① 《梅宏院士：人工智能的快速发展离不开代码开源和数据开放》，载人民网，http://finance.people.com.cn/n1/2021/0709/c1004-32153614.html，最后访问时间：2022年10月20日。

② 《中国人工智能开源软件发展白皮书（2018）》，载中国电子技术标准化研究院官网，http://www.cesi.cn/201807/4064.html，最后访问时间：2022年10月20日。

开源许可证违约风险、开源许可证合规风险、专利侵权风险、商标侵权风险、数据安全风险、出口管制风险和开源技术应用过程中的知识产权风险等。以下围绕开源许可证合规风险、开源供应链管理风险、开源软件使用合规风险和开源技术应用过程中的知识产权风险展开讨论。

（一）开源许可证合规风险

新思科技（Synopsys）发布的《2022开源安全和风险分析报告》显示，2021年审计的代码库中有53%的开源代码存在许可证冲突风险，17%的开源代码存在许可证兼容性问题。[①]

人工智能企业在自定义许可证时，应注意规则清晰。例如，JSON许可证实质上是宽松型MIT许可证，其添加了“该款软件严禁用于恶意用途，仅限于善意用途”的注释。许多Apache软件基金会的项目都因为许可证定义含糊不清而删除了使用JSON许可证的代码。

（二）开源供应链管理风险

虽然引入开源软件能够提高研发效率，缩短产品上市时间，但由于在开源软件中，贡献者往往人数众多，互不相识且散布于全球各地，导致留下了许多风险隐患。2022年3月发生的faker.js与colors.js开源库遭到作者马拉克（Marak）恶意破坏的事件就是典型的例子。马拉克通过向两个包提交恶意代码进行供应链投毒，并发布到GitHub和npm包管理器中，

---

① 新思科技：《2022开源安全和风险分析报告》，2022年3月发布，https://www.synopsys.com/zh-cn/software-integrity/resources/analyst-reports/open-source-security-risk-analysis.html#，最后访问时间：2022年10月20日。

之后又将项目仓库所有代码清空，完全停止维护，从而导致依赖两个库的数千个项目无法运行。

（三）开源软件使用合规风险

根据开源安全扫描平台Snyk和Linux基金会的调查结果，只有49%的组织制定了开源软件开发或使用的风险管控策略。企业未建立完整的开源软件使用管理机制，导致开发人员对开源软件基本处于“只用不说”的状态，企业也无法了解其产品或服务中是否包含了开源软件，①使得开源合规风险大大提升。

另外，人工智能训练所需要的数据许可证并没有国际组织对其进行标准化，这意味着对于使用数据的企业来说，暗藏诸多风险。此外，开源技术中的安全漏洞也会带来数据泄露风险。

1. 开源协议的法律风险

在开源协议的背景下，选择适合企业情况的许可证至关重要，这决定了软件使用者的自由程度。如果选择得当，企业可以在享受开源社区便利的同时提高自身产品的适应性。但是，如果选择不当，则有可能为衍生产品的使用埋下隐患。

（1）GPL中的强制开源

GPL具有高度的“传染性”，其允许第三方对开源的代码进行免费使用、修改，但是不允许将修改后的代码作为闭源的商业软件发布和销售。

① 中国信息通信研究院：《全球开源生态研究报告（2022年）》，2022年9月发布，载中国信息通信研究院官网，http://www.caict.ac.cn/kxyj/qwfb/bps/202209/P020220916644891972234.pdf，第36页，最后访问时间：2022年11月14日。

著名的Linux内核开源项目就是使用的GPL协议，由于使用Linux内核开源项目的上层服务不可避免地会涉及调用Linux内核的文件，如果将该行为视为创作了衍生产品，那么将导致上层服务的源代码被受GPL协议控制的Linux内核开源项目所“传染”，从而需要接受GPL协议。这就形成了一个以Linux内核开源项目为核心的传染源，任何基于Linux开发的内核驱动到中间服务到上层应用都受到GPL协议的控制，在符合发布软件的条件下需要向大众开放源代码。不过Linux内核的作者Linus Torvalds以及内核开发人员多次澄清普通系统调用为非GPL的作用范围，也就是允许Linux用户空间的程序使用其他许可证。

2018年，软件自由保护协会（Software Freedom Conservancy，SFC）罕见地在其博客对某知名车企的GPL合规问题的细节进行了披露。软件自由保护协会指出，其从2013年6月以来就收到多起有关S车型的GPL违规报告，该车型搭载的车载系统中含有BusyBox和Linux项目，但是该公司却迟迟没有向用户公开该系统的源代码。软件自由保护协会就此问题一直在督促其尽快提供完整的源代码，但是在漫长的沟通过程中，该公司至今仍然没有向软件自由保护协会或者公众提供符合GPL协议要求的源代码。[①]

另一个值得注意的点是，GPL协议要求使用者在分发软件时提供源代码，这意味着如果使用者在修改代码后不以分发的方式向用户提供程序，那么就没有必要向用户提供源代码。例如，目前在Saas（Software-as-a-Service，软件即服务）模式下，供应商将应用软件部署在自己的服务器上，用户通过互联网获得供应商提供的服务，而不需要供应商发布任

① 《电动汽车制造商特斯拉已经采取行动遵守GPL许可》，载OSCHINA，https://www.oschina.net/news/96276/tesla-incomplete-ccs，最后访问时间：2022年10月21日。

何的源代码或者目标代码。在这种情况下，供应商不存在代码发布行为，因此不需要将修改后的代码予以开源。

（2）双重许可

双重许可是指版权方既把产品作为商业软件销售，又适用开源协议供公众使用。一方面，版权方可以通过商业销售获得利润；另一方面，可以利用开源社区的优势为软件更新增添活力。例如，许可人可以选择同时使用专有许可和GPL协议，GPL协议保证了被许可人如果要发布修改后的产品，其必须一并提供产品的源代码。当然许可人也可以选择更为宽松的许可证，这样可以利用开源社区强大的研发力量更新自己的产品，将衍生代码合并到自己的产品中。MySQL数据库管理系统使用的就是双重许可的模式，一方面以专有许可的模式满足用户的使用需求，另一方面以GPL许可证的优势来获得更新的软件。①

（3）违反开源协议后的法律风险

自由软件基金会的FTF部门与GPL维护组织（GPL-Violations.org）在2008年发布了一份《举报和修复违反许可证行为指南》，该指南主要是对常见的开源软件合规性问题进行解释。例如，任何人都可以向自由软件基金会或者GPL维护组织举报企业的违规行为，当收到举报通知之后，自由软件基金会与GPL维护组织会通过邮件或信件的方式与违规者协商，协商不成可能会采取诉讼方式达成庭外和解或者申请法院禁令。根据GPL维护组织的经验，其已在德国和美国获得了成功的案件判决。

① 在Artifex Software，Inc.（“Artifex”）和Hancom，Inc.（“Hancom”）之间的诉讼中，Artifex发布了Ghostscript，并同时以专有许可和GPL许可的方式授权第三方使用，其诉称Hancom未能遵守GPL许可下的义务，在免费使用Ghostscript的情况下，将其修改的版本整合到自己名为Hangul的商业软件中对外销售产品，但是没有分发产品的源代码。

2.专利侵权的法律风险

开源软件仅是就软件授予著作权方面的许可，在某些开源协议项下并不包含专利许可，因此如果软件包含已申请的专利，使用该开源软件就有可能存在专利侵权的风险。例如，BSD、MIT许可证就不包括专利许可，而Apache-2.0和GPL协议则包含了专利的普通授权许可，使用人在获得著作权许可的同时也不必担心存在专利侵权的风险。对于没有明示有专利授权的开源软件，在使用前应当进行相关的专利检索，如存在有效的专利，使用该开源软件则存在专利侵权的风险。

3.软件漏洞的法律风险

在使用开源软件时，一旦开源软件的代码存在安全缺陷，人工智能企业将面临严重的安全问题。据调查，针对人工智能行业，在开源软件代码安全缺陷分析中，项目主要的安全缺陷就来自API（Application Programming Interface，应用程序编程接口）误用和代码质量问题，其占所有安全问题的94%。[①]而使用开源软件因其缺陷问题受到网络攻击的后果只能由使用者自行承担，无法向开源软件的提供者进行追偿。例如，RealAI（瑞莱智慧）发布的RealSafe人工智能安全平台，通过测试得出某两大公司的人脸比对演示平台存在巨大安全漏洞。[②]目前，人脸识别技术广泛应用于金融远程开户、手机解锁、支付验证等场景，如果这一漏洞

① 奇安信代码卫士:《开源软件源代码安全缺陷分析报告——人工智能类开源软件专题》，载FREEBUF，https://www.freebuf.com/articles/paper/186281.html，最后访问时间：2022年10月20日。

② 《人脸识别再曝安全漏洞：清华创业团队推出全球首个AI模型“杀毒软件”》，载微信公众号“机器之心”，2020年4月7日发布，https://mp.weixin.qq.com/s/soQMwuEvO_YP8Qv5Vf-uvA，最后访问时间：2022年10月21日。

被不法分子所利用，将会对用户的人身、财产安全造成巨大影响，届时可能会产生用户向产品供应商进行索赔的情况。

（四）开源技术应用过程中的知识产权风险

1. 开源技术应用过程中的著作权侵权风险

由于开源软件主要以著作权的形式进行保护，此处以开源软件为例，对其应用过程中的著作权侵权风险展开讨论。

开源软件允许用户自由使用、复制、修改、再发布，使得许多人误以为开源软件不受著作权法保护。其实不然，与闭源软件一样，开源软件同样受著作权法保护，并且，大部分开源许可证都包含保留版权声明。例如，GPL许可证在其引言中声明："采用GNU通用公共许可协议的开发者通过两步保障你的权益：其一，申明软件的版权；其二，通过本协议使你可以合法地复制、分发和修改该软件。"[①]类似地，其他开源许可证也都有著作权声明。

从某种角度来看，开源软件由于其公开源代码的特点，使得侵权行为更容易被发现，因而更容易招致著作权侵权诉讼。

例如，在2008年美国的Jacobsen诉Katzer上诉案中，美国联邦巡回上诉法院指出，开源软件许可协议明示了授权许可源代码文件包可以复制的条件，并使用了习惯性用语提示授予复制、改编、分发的权利。如果下载使用者不能满足这些条件，则应该按照提示与版权人另行协商。如果被许可使用者超出该范围使用，就构成侵权，开源软件许可人可以

① "GNU General Public License"，https://www.gnu.org/licenses/gpl-3.0.en.html，最后访问时间：2022年10月20日。

以版权侵权提起诉讼。[①]

类似地，在2006年德国的Welte诉D-Link一案中，德国法兰克福地区法院认为，违反GPL开源许可协议的行为属于著作权侵权行为，GPL开源许可协议中所设定的使用条件应当认定为“解除条件”，当被许可人违反该条件时，GPL许可协议属无效，被许可人的行为便构成了侵权行为，开源软件权利人可以根据德国《著作权法》提起侵权诉讼。[②]

总体而言，开源软件应用过程中的著作权侵权风险主要有两种情形：一是违反开源许可证的规定使用开源软件的侵权情形；二是因开源软件的贡献者引入有版权瑕疵的代码而引发的侵权情形。

2. 开源技术应用过程中的专利侵权风险

不同于著作权只保护表达，专利不仅可以保护硬件结构还可以保护软件逻辑和算法，显然，专利的保护范围比著作权宽泛很多，在专利有效期内，只要未经许可使用了专利技术，即使是独立开发也会被视为是侵犯专利权的行为。自由软件基金会在其GNU计划书中也指出：“开放源代码软件面对的最大威胁不是著作权而是专利。”开源软件通过开源许可证可以很好地解决著作权产生的独占问题，保障软件用户的“自由”，但对软件专利却束手无策。对此，GPLv3许可证只能无奈地规定：“如果是由于法院判决或违反专利的指控或任何其他原因，强加于你的条件（不管是法院判决、协议或是其他）和许可证的条件有冲突，他们也不能用许可证条款为你开脱。在你不能同时满足本许可证规定的义务及其他相

① 广州知识产权法院（2019）粤73知民初207号民事判决书，载中国裁判文书网，最后访问时间：2022年10月20日。

② 广州知识产权法院（2019）粤73知民初207号民事判决书，载中国裁判文书网，最后访问时间：2022年10月20日。

关的义务时，作为结果，你可以根本不发布程序。例如，如果某一专利许可证不允许所有那些直接或间接从你那里接受拷贝的人在不付专利费的情况下重新发布程序，唯一能同时满足两方面要求的办法是停止发布程序。”[①]GPL许可证还规定：“如果由于专利问题使程序在某些国家的发布和使用手段受到限制，将此程序置于许可证约束下的原始著作权拥有者可以增加限制发布地区的条款，将这些国家明确排除在外，并在这些国家以外的地区发布程序。”可见，开放源代码软件对软件专利采取了回避的态度，但是这种回避无法解除软件专利对开放源代码软件的威胁。

麻省理工学院（MIT）的开源软件X Windows系统曾被美国电话电报公司（AT&T）指控侵犯了其“后援存储”技术的4555775号专利。当一个窗口的内容被另一个活动的窗口遮盖住的时候，将被遮盖窗口的内容存储于屏幕之外的存储器中，一旦当前活动窗口消失，被遮盖的窗口可迅速恢复，这就是“后援存储”技术。事实上，MIT早在Lisp机器系统上就使用了“后援存储”技术，这甚至比AT&T利用这项技术的时间还早。但是，由于MIT的软件人员认为这项技术太普通了，而没有公开发表。AT&T的专利申请于1985年被美国专利商标局（United States Patent and Trademark Office，USPTO）批准，尽管MIT使用在先，但因没有公开发表而被禁止继续使用该技术。[②]

即便是著名的开源软件Linux，也有可能面临专利侵权诉讼。在2004年8月4日，德国慕尼黑政府宣布，因担心软件专利侵害的赔偿责任，将

① 张平、马骁：《开源软件对知识产权制度的批判与兼容（二）——开源软件许可证的比较研究》，载《科技与法律》2004年第2期。

② 陈际红：《GNU GPL的规则与Linux在中国的发展》，载《信息网络与高新技术法律前沿——中华全国律师协会信息网络与高新技术专业委员会成立大会论文集》2001年。

暂时冻结14000台Linux台式机的引进计划。[①]

当然，不限于开源软件，开源硬件技术也同样有可能面临专利侵权风险。面对人工智能领域日益增长的专利申请，建议可以采取以下措施减少专利侵权风险：（1）技术开发过程中进行自由实施（FTO）分析，做好专利预警；（2）先将开源技术申请专利再在开源许可证的条件下发布开源技术；（3）及早发布软件和算法逻辑、思路，对他人而言构成在先技术，避免他人申请专利；（4）在开源许可证中引入专利报复条款等。

3.开源技术应用过程中的商标侵权风险

大部分开源许可证都明示不给予用户商标授权。例如，Mozilla公共许可证（Mozilla Public License）规定，不授予任何贡献者商标、服务标记或徽记许可（除可能需要符合有关声明要求的情况下）。因此，在开源技术放弃版权上的财产权，又未进行专利保护的情况下，可以通过商标保护维护开源技术的权益，在不与“自由”属性冲突的前提下，主张商标权仍然不妨碍扩大开源技术的用户群体，同时还能提高开源技术的知名度。

在2002年MySQL AB诉Progress Software Corp.，NuSphere Corp.一案中，MySQL AB公司是开源数据库MySQL的著作权人，同时也是瑞典、美国等国家“MySQL”注册商标的所有人。2000年6月，被告与原告签订了分销MySQL并提供相应技术支持的临时协议。2000年8月双方终止了该协议。后来，被告将mysql.org注册为域名，发行了软件“NuSphere MySQL Advantage”，其中含有基于GPL许可证发布的MySQL和被告自

① 《担心Linux专利问题惹麻烦　慕尼黑计划搁浅》，载新浪网，https://tech.sina.com.cn/s/n/2004-08-05/1008398608.shtml，最后访问时间：2022年10月21日。

行开发的Gemini。因此，MySQL AB诉Progress与NuSphere商标侵权。2002年2月美国麻省波士顿法院对被告发布初步禁令，禁止被告改进以及销售任何形式的包含MySQL注册商标的商品和服务、使用与MySQL商标有关的域名以及运作采用MySQL注册商标的网站。[①]

对开源技术进行合理的商标保护可以很好地跟踪和保护开源技术的发展。例如，只有通过开放源代码促进会认证的许可证进行发布的软件才能使用“OSI Certified”商标，通过在每一份开源代码中标注“OSI Certified”商标，即可轻易地识别出开源代码。经过开放源代码促进会认证的开源许可证包括：GPL许可证、BSD许可证[②]、Apache许可证等。[③]因此，商标保护是开源软件收取费用的合理渠道，既不会被指责有技术垄断之嫌，又能获得相对永久的保护。[④]

随着开源技术在人工智能领域的应用范围越来越广，由于开源技术的“自由”属性与知识产权“独占性”天然地存在冲突，使得开源技术在应用过程中的知识产权风险也日益凸显。开源技术的种类、开源许可证的类型、开源技术的使用方式都会影响知识产权风险的大小。企业要有效管控开源技术的知识产权风险，需要从多个方面展开系统性的长期工作，包括增强开源知识产权风险防范意识，做好开源技术的知识产权

① 陈际红：《GNU GPL的规则与Linux在中国的发展》，载《信息网络与高新技术法律前沿——中华全国律师协会信息网络与高新技术专业委员会成立大会论文集》2001年。

② BSD许可协议（Berkeley Software Distribution license）是自由软件中使用广泛的许可协议之一。20世纪70年代由加州大学伯克利分校的学生比尔·乔伊创建。BSD许可证非常宽松，它允许无限制地重用全部或部分软件，以集成到自由软件或所有者中。

③ “OSI Trademark Guidelines”，Open Source Initiative，https://opensource.org/trademark-guidelines#Open_Source_Initiative_Trademark_Policy，最后访问时间：2022年10月20日。

④ 张平：《开源软件——知识产权制度的批判与兼容》，载《网络法律评论》2004年第2期。

风险分析，加强风险防范工作协同，建立开源技术的知识产权管理规则以及全流程管理规则，跟踪开源司法案例，做好开源相关法律研究等。

五、人工智能企业的开源合规管理建议

开源合规工作的目的是通过建立一整套制度和流程指导开源技术的引入、使用、修改和分发等工作，保证企业含有开源技术的产品或服务安全可控，使用开源技术符合相关法律和许可要求，能够保障开源技术作者或权利人的合法权益。

（一）开源软件管理审核

为避免在使用开源软件过程中发生的风险，建议企业在内部管理机制上增设开源项目管理流程或者部门，以便对开源软件的使用安全性、合法性进行评估。随着国际化程度的不断加深，中国产品越来越多地出口到国外，开源软件风险问题也日益突出。企业可能会收到用户个人或者软件自由保护协会的通知，要求其履行开源协议的义务。虽然目前在国内环境下，开源协议的履行尚未得到司法确认，但是已经有了承认开源协议效力的判例。企业应当尽早了解风险，做好风险预防，在面临相关风险前培养自身抵抗风险的能力。

（二）技术进出口合规审核

除了开源软件的进出口限制之外，企业还应当依据购买软件时技术出口方国家的技术进出口措施进行合规审核。在目前复杂多变的国际政

治经济形势下，大国之间的博弈也常常体现在人工智能领域。例如，美国曾发布相关措施限制人工智能软件的出口，限制出口的软件包括应用于智能化传感器、无人机、卫星和其他自动化设备的目标识别软件（无论民用或军用）等。企业一旦落入相应权利范围或者违反相关规范，可能导致被制裁的后果，对未来在该国从事商业活动造成严重影响。

（三）专利前置审核

由于开源软件的许可证不一定明示了专利许可，因此，在使用他人的开源代码前，应当根据使用地域对当地的专利注册情况进行检索。如果权利人已经在先注册专利，那么该开源代码的使用方式就受到了限制，企业应当根据自身需求，判断是否能够继续利用该开源代码以及如何利用。

（四）开源方式审核

选择合适的许可方式是保证可持续性发展的前提，企业可以以专有许可、开源许可证或者双重许可的方式选择是否对公众发布产品的源代码，以及后续以何种方式更新。如果一项成果是基于已有作品修改完成的，那么它最好符合原作品许可协议的要求，因为协议中有可能要求它遵从相同的许可证发布。对于不值得更新的小程序来说，使用GPL是不适宜的，因为它无法发挥自身传递性的优势，刺激后人对开源的软件进行补充、修改或者更新。

（五）软件尽职调查中的开源风险审核

如前所述，人工智能技术离不开开源软件的支持，在并购交易中，如涉及人工智能企业或者其他软件研发企业，对其软件进行开源风险核查是十分必要的。通过对软件使用的开源软件、开源协议的调查可以识别相应的商业软件本身是否存在开源风险、安全漏洞或者质量问题，使用方是否已经履行了许可协议相关的义务，从而为交易双方的安全交易提供法律保障。

（六）建立开源合规委员会

随着科技公司对开源的认识和理解不断加深，不少公司开始重视开源合规风险管理问题，例如，腾讯、华为、百度、滴滴等公司均成立开源管理办公室（Open Source Program Office，OSPO）。

为了加强对开源技术应用的组织管理和统筹协调，人工智能企业可成立由科技、法务、采购等部门组成的开源合规委员会或开源管理办公室，将开源技术应用纳入企业发展战略，明确开源技术应用目标，制定开源技术应用工作方案并组织实施，同时设立首席开源合规官，明确各负责人员的职责。法务人员的职责可包括制定开源合规相关的制度规则和审核清单，审查和批准开源代码的使用、修改和分发，提供与开源许可证相关的法律指导，编撰开源许可证摘要手册，方便开源技术使用人员阅读和理解主流开源许可证下的权利、义务、限制、专利影响等，组织开源合规方面的法律知识培训，审核开源许可证的遵守情况等。技术人员的职责可包括根据开源合规相关的制度规则调整软件开发过程，从研发角度给出制度规则的完善建议，对代码、架构、设计进行审查等。

（七）建立健全开源技术应用管理制度体系

人工智能企业应建立和完善开源技术应用管理制度体系，规范开源技术的引入审批、技术评估、合规使用、漏洞检测、更新维护、应急处置、停用退出等行为。

在引入审批环节，一方面可通过开源组件扫描工具识别产品或服务中使用的开源技术，包括从代码托管平台、技术社区、开源机构官方网站等渠道获取，或通过合作研发、商业采购等方式引入开源代码、开源组件等；另一方面可加强开源技术供应链管理，通过合同或协议条款，明确开源技术提供商的义务和责任，对供应商及其交付物进行尽职调查，要求开源技术供应商必须披露其交付物中保护的开源技术，提供其对开源技术进行技术评估、合规审查等书面证明文件，保障所使用的开源技术产品和服务质量。在进行初步审查和识别后，出具详细的开源技术材料清单，明确所包含的所有开源软件名称、来源、许可证、冲突等；同时，还需要注意审查开源技术的版权、专利、商标、声明和开源许可证的兼容性等问题。必要时，可引入第三方机构协助完成合规审查工作。

在技术评估环节，根据开源技术材料清单，核查开源技术的使用、修改、分发情况，以及许可证的具体规则，对开源技术进行全方面评估，并明确使用该开源技术的产品或服务的预期用途，从而有针对性地选择和使用开源技术，并建立开源技术选型评估模型，提升开源技术的应用质量与效率。

在合规使用环节，遵循开源许可协议和相关法律法规要求，明确开源技术的使用范围和使用的权利与义务，根据许可证的规则做好版权、修改等声明，并要求相关部门在产品或服务中使用时符合开源软件的许可证要求，保障开源技术作者或权利人的合法权益。同时，加强开源技术研究储备，掌握开源技术核心，建立开源技术使用问题发现、反馈、解决等闭环机制，形成自主知识产权，推动开源技术不断迭代升级，从而提升企业自身的技术创新能力。

在维护及应急处置环节，企业应建立开源技术应用台账，及时掌握开源许可证变更、漏洞、闭源、停服等变化情况，实行常态化管理，制定针对开源技术潜在漏洞、后门及闭源、停服等突发情况的应急处置预案，并定期开展演练，保证应急处置预案的有效性。

（八）积极参与开源生态建设和标准化建设

人工智能企业应以技术参与开源生态建设，加入合法合规的开源社区、开源基金会等开源社会组织，参与开源技术规划设计、研发决策、社区运营等活动，依法合规分享开源技术应用经验，共享开源技术研究成果。通过主动开源、贡献代码解决行业共性问题，提升开源技术整体应用水平，推进开源技术迭代升级，促进开源技术成果转化，实现优势互补、互利共赢、共同发展。

2021年12月27日，国务院知识产权战略实施工作部际联席会议办公室在关于印发《知识产权强国建设纲要和“十四五”规划实施年度推进计划》的通知中，明确指出中央宣传部、知识产权局按职责分工负责研究制定大数据、人工智能、区块链、基因技术等新领域、新业态知识产权保护规则，工业和信息化部负责研究制定信息技术开源知识产权合规标准、开源社区代码贡献规则标准等，开展行业开源知识产权风险及合规问题研究，加强行业开源知识产权合规评估与培训。

人工智能的发展已经成为全球势不可挡的新趋势，各国都争先在该领域确立自己的领先地位。人工智能产业也涉及各种先进技术，其中，更是离不开计算机技术的突破。但是，技术的发展仍然需要在合乎法律规范的范畴内进行，只有技术与合规并驾齐驱，才能使社会在享受人工智能技术带来便利的同时，保障各方利益均能得到合法的保护。在国家明确规划强化人工智能领域知识产权保护和开源技术合规建设的大背景下，人工智能企业应从制度、流程、工具、团队等多个维度开展合规体系的建设，提升开源治理能力并防范开源合规风险。

开源作为一种无边界的协作模式，秉持开放共赢的理念，正在推动人工智能、云计算、操作系统、数据库等领域的产业发展。开源不仅有利于企业紧跟技术发展趋势，提高研发效率，也有利于企业扩大影响力。例如，Linux操作系统采用开源去中心化的开发方式，通过汇聚众多开发者进行快速且持续迭代，加速其形成产业生态，使得其在全球智能手机操作系统市场占有率超过85%。①新思科技《2022开源安全和风险分析报告》显示，新思科技网络安全研究中心（Cybersecurity Research Center，CyRC）团队共审查了17个行业中超过2400个商业代码库，在报告涵盖的17个行业中，计算机硬件和半导体、网络安全、能源与清洁科技、物联网行业的代码库中100%包含开源代码。②

人工智能从诞生至今已有60多年的发展历史，在经历过2次浪潮后，以深度学习技术的推出为标志，迎来了第三次浪潮，同时也涌现了TensorFlow、PyTorch、飞桨（PaddlePaddle）、Caffee等开源人工智能框

① 中国信息通信研究院：《全球开源生态研究报告（2022年）》，2022年9月发布，载中国信息通信研究院官网，http://www.caict.ac.cn/kxyj/qwfb/bps/202209/P020220916644891972234.pdf，第2页，最后访问时间：2022年11月14日。

② 新思科技：《2022开源安全和风险分析报告》，2022年3月发布，https://www.synopsys.com/zh-cn/software-integrity/resources/analyst-reports/open-source-security-risk-analysis.html#，最后访问时间：2022年10月20日。

架，加速了人工智能的应用落地。随着开源生态的逐渐成熟，越来越多的人工智能企业选择拥抱开源，与此同时，诸多开源的合规风险也在逐渐涌现。

第三节　人工智能算法推荐技术的合规风险

一、算法推荐技术是人工智能产业的重要基础

2021年12月31日，国家互联网信息办公室、工业和信息化部、公安部、国家市场监督管理总局联合发布了《互联网信息服务算法推荐管理规定》(以下简称《算法规定》)。根据《算法规定》的规定，算法推荐技术是指利用生成合成类、个性化推送类、排序精选类、检索过滤类、调度决策类等算法技术向用户提供信息。

人工智能产业链通常被分为基础层、技术层和应用层。其中，基础层可按照算力、算法与数据进行划分，为人工智能提供底层支撑。算法推荐技术一方面承接芯片和半导体制造产业，另一方面统筹数据收集处理和应用，其在人工智能研究和开发过程中的基础性作用和决定性影响逐渐被人们认识和关注。

对于算法推荐技术的具体应用场景，《算法规定》中将其分为生成合成类、个性化推送类、排序精选类、检索过滤类、调度决策类5类，该分类顺应了当下学术研究和产业实践的主流观点，对认识人工智能领域算法推荐技术的基本内涵具有重要的指引意义。

（一）生成合成类

生成合成类算法是指可自动生成、合成内容的算法。该类算法将视频、图片、文字、语音等文件自动进行合成，并将生成内容发布到互联网平台上。生成合成类算法的应用例，包括自动写稿机器人（如互联网医疗通过数据分析形成诊断结果）、虚拟博主、聊天机器人、AI换脸程序、自动生成的文字和美术作品等。现在很多假新闻采用生成合成类算法推荐，《算法规定》为应对迅速发展的生成合成类算法对舆论和社会公众的影响，作出了“不得生成合成虚假新闻信息”等相关规定。

（二）个性化推送类

个性化推送类算法是指网络服务提供者识别和筛选用户偏好并优先呈现与用户需求相契合的信息内容、实现个性化推荐服务的算法。该类算法通过结合用户浏览内容、用户特征（如兴趣标签、话题、性别、年龄、职业等）和环境特征等维度，形成用户画像，并反馈和推送特定信息。其底层逻辑可概括为以下几个步骤：采集信息——建立标签体系，形成对用户、用户特征、环境特征等维度的画像——根据标签之间的映射关系圈选人群，确定推送信息内容——根据推送效果反馈不断优化算法。此类算法推荐技术常被应用于新闻、购物、视频类网站或移动客户端。

（三）排序精选类

排序精选类算法是指将信息按照一定方式排序并根据结果向用户展

示推荐或精选列表的算法。例如搜索引擎推荐搜索结果排序、广告推荐排序等。

以京东商城商品排序系统为例，根据用户输入信息和历史行为等数据，相关算法对商品进行打分排序，商品排序的传统方法使用XGBoost（eXtreme Gradient Boosting）[①]等基于决策树的方法从数据中进行学习，近年来开始使用Wide&Deep模型[②]等深度学习方法。[③]

（四）检索过滤类

检索过滤类算法是指通过建立内容索引树等方式，对内容进行检索、过滤，形成用户偏好结果的算法。通过检索过滤类算法，用户可实现迅捷地从大容量非结构化数据中提取信息，或从可行的推荐标的物中将用户喜欢的标的物过滤出来。该类算法主要应用于搜索引擎、自动识别敏感字词、屏蔽信息、关键词联想等功能。

（五）调度决策类

调度决策类算法是指按照系统的资源分配策略，通过判断多维度的影响因素自动提供最优路线或者最短时间等决策结果信息的算法。在技术层面，调度决策类算法又包括先来先服务算法（First Come First Service，

---

① XGBoost是一个优化的分布式梯度增强库。

② Wide&Deep模型把单输入层的Wide部分与由Embedding层和多隐层组成的Deep部分连接起来，一起输入最终的输出层。

③ 王松林、唐国瑜：《京东电商搜索中的语义检索与商品排序》，载知乎专栏《人工智能算法实践》，https://zhuanlan.zhihu.com/p/465504164，最后访问时间：2022年10月21日。

FCFS)、短作业优先算法(Short Job First，SJF)、高响应比优先算法、时间片轮转算法、优先级调度算法、多级反馈队列算法等不同解决方案。以美团外卖订单分配系统为例，订单分配涉及用户、商家、骑手三方需求，选择时间更充裕、更顺利的骑手进行订单配送，同时针对新手期的骑手匹配距离、顺路、配送难度相对更低的订单。通过调度决策类算法，人工智能技术用以解决生活中常见的路线规划、时间规划与分配、网约车调度、外卖订单算法等现实应用问题。

二、我国涉人工智能算法推荐技术立法现状

算法应用日益普及深化，在给经济社会发展等方面注入新动能的同时，算法歧视、“大数据杀熟”、诱导沉迷等算法不合理应用导致的问题也深刻影响着正常的传播秩序、市场秩序和社会秩序，给维护意识形态安全、社会公平公正和网民合法权益带来挑战。

《算法规定》属于我国“数据法三驾马车”——《中华人民共和国网络安全法》(以下简称《网络安全法》)、《中华人民共和国数据安全法》(以下简称《数据安全法》)、《中华人民共和国个人信息保护法》(以下简称《个人信息保护法》)的下位法，是第一部专门规制算法推荐技术的部门规范性文件。以《算法规定》为主要执法和规范准则，结合《网络信息内容生态治理规定》《关于进一步压实网站平台信息内容管理主体责任的意见》等规范性文件，我国构建了人工智能领域算法推荐技术的立体的法律规范体系(表1–2)，为相关企业依法审查算法开发和应用、规范算法备案行为、有效规避算法处罚和诉讼风险，提供了基本遵循。

表1-2　我国算法推荐领域主要法律法规

法律法规	发布年份	发布部门	效力层级
中华人民共和国网络安全法	2016年	全国人大常委会	法律
中华人民共和国数据安全法	2021年	全国人大常委会	法律
中华人民共和国个人信息保护法	2021年	全国人大常委会	法律
中华人民共和国电子商务法	2018年	全国人大常委会	法律
互联网信息服务算法推荐管理规定	2021年	国家互联网信息办公室等	部门规章
网络信息内容生态治理规定	2019年	国家互联网信息办公室	部门规章
关于加强互联网信息服务算法综合治理的指导意见	2021年	国家互联网信息办公室等	部门规范性文件
关于进一步压实网站平台信息内容管理主体责任的意见	2021年	国家互联网信息办公室	部门规范性文件
互联网信息服务算法备案信息	2022年	国家互联网信息办公室	部门其他文件

2021年9月25日，国家新一代人工智能治理专业委员会所发布的《新一代人工智能伦理规范》中，对人工智能领域算法推荐相关技术的运用作出了规范性指引："在算法设计、实现、应用等环节，提升透明性、可解释性、可理解性、可靠性、可控性，增强人工智能系统的韧性、自适应性和抗干扰能力，逐步实现可验证、可审核、可监督、可追溯、可预测、可信赖。""在数据采集和算法开发中，加强伦理审查，充分考虑差异化诉求，避免可能存在的数据与算法偏见，努力实现人工智能系统的普惠性、公平性和非歧视性。"

三、我国人工智能算法推荐技术备案规范

（一）主管部门

根据《算法规定》的要求，国家网信部门负责统筹协调全国算法推荐服务治理和相关监督管理工作。国务院电信、公安、市场监管等有关部门依据各自职责负责算法推荐服务监督管理工作。地方网信部门负责统筹协调本行政区域内的算法推荐服务治理和相关监督管理工作。地方电信、公安、市场监管等有关部门依据各自职责负责本行政区域内的算法推荐服务监督管理工作。

因此，目前算法推荐的主管部门应当是国家互联网信息办公室及其下设部门，同时，工业和信息化部、公安部和国家市场监督管理总局及其下属部门在各自职权范围内对算法推荐服务进行管理。

（二）备案主体

关于申请备案的经营主体，《算法规定》规定，应为提供互联网新闻信息服务和具有舆论属性或者社会动员能力的算法推荐服务提供者。

（三）备案流程

具有舆论属性或者社会动员能力的算法推荐服务提供者，依据《算法规定》第24条规定，应当在提供服务之日起10个工作日内通过互联网信息服务算法备案系统填报服务提供者的名称、服务形式、应用领域、算法类型、算法自评估报告、拟公示内容等信息，履行备案手续（图

1–1）。自2022年3月1日起，互联网信息服务算法备案系统正式上线运行，官方网址为https://beian.cac.gov.cn。

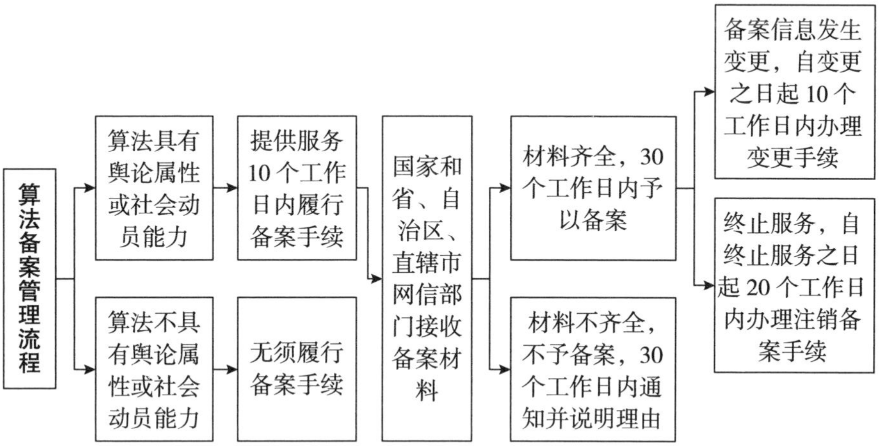

图1–1 算法备案管理流程

（四）监督方式

算法推荐服务提供者应当在完成备案申请后接受相关部门的实时安全评估，并接受社会公众监督。

1.公示备案信息

完成备案的算法推荐服务提供者应当在其对外提供服务的网站、应用程序等的显著位置标明备案编号并提供公示信息链接。

2.开展企业安全评估

具有舆论属性或者社会动员能力的算法推荐服务提供者应当按照国家有关规定开展安全评估。

3.接受相关部门监督检查

算法推荐服务提供者应当依法留存网络日志，配合网信部门和电信、公安、市场监管等有关部门开展安全评估和监督检查工作，并提供必要的技术、数据等支持和协助。

4.接受社会举报与监督

任何组织和个人发现违反《算法规定》行为的，可以向网信部门和有关部门投诉、举报。收到投诉、举报的部门应当及时依法处理。

根据国家互联网信息办公室发布的互联网信息服务算法备案信息公告[①]，以下列示已成功备案的典型案例（表1–3），仅供参考。

表1–3　境内互联网信息服务算法备案清单（2022年8月）

序号	算法名称	算法类别	主要用途	备案编号
1	网易传媒信息推送算法	个性化推送类	应用于通知栏信息推送，通过用户历史点击行为和用户匹配标签为用户推荐可能感兴趣的新闻资讯。	网信算备110101135224302220011号
2	网易传媒信息搜索算法	检索过滤类	应用于搜索功能，通过用户输入的查询词，搜索满足需求的新闻资讯。	网信算备110101135224304220013号
3	一点资讯个性化内容推荐算法	个性化推送类	应用于资讯推荐，通过点击、观看时长等用户数据为用户推荐可能感兴趣的资讯内容。	网信算备110105167703302220011号

① 《国家互联网信息办公室关于发布互联网信息服务算法备案信息的公告》，载国家互联网信息办公室官网，http://www.cac.gov.cn/2022–08/12/c_1661927474338504.htm，最后访问时间：2022年10月21日。

续表

序号	算法名称	算法类别	主要用途	备案编号
4	360搜索信息检索算法	检索过滤类	应用于搜索引擎，通过用户输入的查询词信息，搜索满足需求的网页。	网信算备110105199127804220017号
5	凤凰网个性化推荐算法	个性化推送类	应用于资讯推荐，通过用户的历史行为数据为用户推荐可能感兴趣的内容。	网信算备110105766070002220015号
6	智联首页职位推荐算法	个性化推送类	应用于首页职位推荐，通过用户发布的职位信息、简历信息及选择填写的相关条件为用户推荐可能感兴趣的职位信息。	网信算备110105799745702220015号
7	微博热搜算法	排序精选类	应用于热搜榜单，精选热点内容，通过用户搜索、讨论、传播数据，对热点内容进行排序。	网信算备110108077222703220015号
8	微博个性化推送算法	个性化推送类	应用于微博推荐，通过用户历史浏览行为推荐用户可能感兴趣的微博内容。	网信算备110108077222702220019号
9	美团配送调度决策算法	调度决策类	应用于配送场景，计算用户订单的预计送达时间，并为订单匹配骑手。	网信算备110108224236605220011号
10	优酷个性化推荐算法	个性化推送类	应用于视听内容推荐，通过用户的基础信息及历史记录，为用户推荐可能感兴趣的视听内容。	网信算备110108381509702220011号
11	快手短视频生成合成算法	生成合成类	应用于短视频制作场景，利用生成模型对用户上传的图片、视频进行编辑和重新生成，实现属性编辑、风格转换等。	网信算备110108413760701220011号

续表

序号	算法名称	算法类别	主要用途	备案编号
12	快手个性化推送算法	个性化推送类	应用于视频推荐，通过用户历史浏览习惯、近期兴趣、长期兴趣和当前热度，为用户推荐可能感兴趣的视频内容。	网信算备110108413760702220017号
13	百度热搜榜排序精选算法	排序精选类	应用于百度热搜榜单，精选热点事件热词，使用事件相关统计信息及用户行为数据，对热点事件进行排序。	网信算备110108645502803220017号
14	百度信息检索算法	检索过滤类	应用于搜索引擎，根据用户输入的搜索词，搜索满足需求的网页结果。	网信算备110108645502804220013号
15	百度内容安全算法	检索过滤类	应用于用户发布信息内容的内容安全风险识别，发现和处置违法违规信息内容。	网信算备110108645502804220021号
16	新浪新闻个性化推荐算法	个性化推送类	应用于新闻推荐，通过使用用户历史行为数据为用户推荐可能感兴趣的新闻资讯。	网信算备110108703893902220019号
17	抖音个性化推荐算法	个性化推送类	应用于图文、视频、商品及服务内容推荐，通过用户历史的点击、时长、点赞、评论、转达、不喜欢等行为数据为用户推荐可能感兴趣的内容。	网信算备110108823483902220017号
18	小米浏览器内容推荐算法	个性化推送类	应用于资讯、视频内容推荐，通过用户的行为日志数据为用户推荐可能感兴趣的资讯和视频内容。	网信算备110108916280902220019号
19	猎聘信息推荐算法	个性化推送类	应用于求职者职位信息推荐，通过求职者和岗位匹配程度分析数据为平台求职者推荐职位、为平台招聘方推荐求职者。	网信算备120116724916902220019号

续表

序号	算法名称	算法类别	主要用途	备案编号
20	蜂鸟物流配送算法	调度决策类	应用于配送场景，统筹区域内订单和骑手，将订单匹配给时间充裕、顺路的骑手。	网信算备310107429160605220017号
21	亲宝宝育儿推荐算法	个性化推送类	应用于育儿资讯推荐，通过用户的行为数据和用户画像为用户推荐可能感兴趣的育儿资讯及话题。	网信算备330106316738502220027号
22	天猫商品排行算法	排序精选类	应用于商品排行，通过使用用户的点击、加购、销量等数据按不同类目、属性对商品进行客观排序。	网信算备330110046572903220011号
23	钉钉语音识别算法	生成合成类	应用于即时通讯场景的语音转文字功能，实现对语音消息的文字识别。	网信算备330110391028001220019号
24	淘宝推荐算法	个性化推送类	应用于首页、逛逛、支付完成页等的内容推荐，通过用户的访问足迹、历史搜索数据为用户推荐可能感兴趣的商品或服务信息。	网信算备330110872770702220011号
25	菜鸟包裹时效预测算法	调度决策类	应用于配送场景，预测包裹派送到达时间。	网信算备330110977354705220017号
26	聚好看音视频内容推荐算法	个性化推送类	应用于音视频推荐，通过用户兴趣特征、活跃特征等数据为用户推荐可能感兴趣的音视频内容。	网信算备370212438665702220011号
27	苏宁易购个性化商品推荐算法	个性化推送类	应用于商品信息推荐，通过用户偏好信息、行为数据为用户推荐可能感兴趣的商品。	网信算备440303176429902220013号

续表

序号	算法名称	算法类别	主要用途	备案编号
28	富途牛牛内容推荐算法	个性化推送类	应用于金融资讯推荐，通过使用用户浏览、点击、关注、分享等行为数据为用户推荐可能感兴趣的文章、资讯内容。	网信算备440305292947002220013号
29	微信看一看个性化推送算法	个性化推送类	应用于资讯推荐，通过用户浏览记录、关注公众号、用户在看内容等数据为用户推荐可能感兴趣的图文、视频内容。	网信算备440305295988702220015号
30	腾讯新闻要闻排序算法	排序精选类	应用于要闻板块，精选优质新闻信息，通过干预策略对其进行排序。	网信算备440305295988703220011号

四、人工智能算法推荐技术合规要点

《算法规定》对算法推荐服务提供者提出的要求主要集中在两个方面：（1）信息服务规范；（2）用户权益保障。信息服务规范主要是为了解决算法推荐服务提供者向用户推荐何种信息，如何推荐信息等问题，而用户权益保障则主要是区分不同类型消费者，对其进行特别保护的规定。

（一）信息服务规范方面

1.责任主体

算法推荐服务提供者承担算法安全主体责任。根据《算法规定》第7条规定，算法推荐服务提供者应当建立健全算法机制机理审核、科技伦理审查、用户注册、信息发布审核、数据安全和个人信息保护、反电信网络诈骗、安全评估监测、安全事件应急处置等管理制度和技术措施，制定并公开算法推荐服务相关规则，配备与算法推荐服务规模相适应的专业人员和技术支撑。

2. 审核评估义务

算法推荐服务提供者具有定期审核、评估、验证算法的义务。根据《算法规定》第8条规定，算法推荐服务提供者不得设置诱导用户沉迷、过度消费等违反法律法规或者违背伦理道德的算法模型。另外，在解决算法透明度方面，《算法规定》鼓励算法推荐服务提供者综合运用内容去重、打散干预等策略，并优化检索、排序、选择、推送、展示等规则的透明度和可解释性，避免对用户产生不良影响，预防和减少争议纠纷。

3. 安全管理义务

算法推荐服务提供者具有信息安全管理义务。根据《算法规定》第9条规定，算法推荐服务提供者应当加强信息安全管理，建立健全用于识别违法和不良信息的特征库，完善入库标准、规则和程序。

发现未作显著标识的算法生成合成信息的，应当作出显著标识后，方可继续传输。发现违法信息的，应当立即停止传输，采取消除等处置措施，防止信息扩散，保存有关记录，并向网信部门和有关部门报告。发现不良信息的，应当按照网络信息内容生态治理有关规定予以处置。

4. 合理利用算法推荐的义务

算法推荐服务提供者具有合理利用算法推荐的义务。对于当前盛行的各种“买热搜”“买水军”等问题，根据《算法规定》第14条规定，算法推荐服务提供者不得利用算法虚假注册账号、非法交易账号、操纵用户账号或者虚假点赞、评论、转发，不得利用算法屏蔽信息、过度推荐、操纵榜单或者检索结果排序、控制热搜或者精选等干预信息呈现，实施影响网络舆论或者规避监督管理行为。

（二）用户权益保障方面

1.保障用户知情权

用户享有算法推荐服务知情权。《算法规定》第16条赋予用户了解算法推荐服务情况的权利。算法推荐服务提供者应当以显著方式告知用户其提供算法推荐服务的情况，并以适当方式公示算法推荐服务的基本原理、目的意图和主要运行机制等。

2.保障用户关闭推荐权利

用户享有选择个性化标签、删除标签和关闭推荐的权利。大部分App都已经为用户提供了选择用户标签和删除标签的选项，但同时也会告知用户，仅能删除标签而不能关闭推荐，该做法即将成为历史，各互联网公司必须进行整改。根据《算法规定》第17条规定，算法推荐服务提供者应当向用户提供选择或者删除用于算法推荐服务的针对其个人特征的用户标签的功能，或向用户提供不针对其个人特征的选项，并向用户提供便捷的关闭算法推荐服务的选项。用户选择关闭算法推荐服务的，算法推荐服务提供者应当立即停止提供相关服务。

3.特殊主体的特殊保护

在解决算法歧视方面,《算法规定》通过区分用户类型进行特殊保护。例如，在未成年人保护方面，严控推荐内容并设置反诱导沉迷程序；在老年人保护方面，设计反诈骗等程序；禁止利用算法不当劳务用工；禁止“大数据杀熟”等。

总体而言，围绕《算法规定》，我国逐渐形成了相对清晰和完整的算法技术标准和行业规范。针对具有舆论属性和社会动员能力的算法推荐技术，构建了登记管理制度，更提示人工智能领域相关企业重视信息服务规范和用户权益保障，积极践行审核评估义务和安全管理义务，合理利用算法推荐技术，保障用户知情权、关闭推荐权利，针对特殊主体按照相关规定予以特殊保护，并接受社会监督。

第四节 人工智能引发的个人信息与隐私保护

在人工智能领域，大数据的价值被不断开发，但与此同时，用户的隐私泄露问题、数据垄断问题以及算法决策中的公平问题越发凸显。在《个人信息保护法》发布之后，大量企业将合规工作的目光转向数据隐私保护。例如，2017年，绍兴警方成功破获全国首例利用人工智能侵犯公民个人信息案，彻底摧毁入侵网站“黑客”团伙、制作撞库软件“黑客”团伙、利用AI技术识别图片验证码团伙、数据买卖团伙、网络诈骗团伙。该“黑客”团伙运用机器深度学习技术训练机器，通过有效识别图片验证码，轻松绕过网络公司的安全登录设置，以非法获取网站后台的用户注册数据。[①]

大数据是人工智能运作的基础，而算法是人工智能的本质，人工智能技术要获得突破，势必会越来越依赖数据的喂养和算法的支持，由此可能引发严重的隐私危机。数据又被细分为商业数据和公共数据，同时与个人信息交叉。以下主要讨论的是个人信息与人工智能的碰撞及析出的隐私保护问题。

一、隐私保护与人工智能技术的关系

数据是人工智能技术发展的养分。人工智能技术被应用于自动驾驶、人脸识别、电子设备等产品的使用过程中，又会持续收集数据进行学习，以便提供更好的服务体验。而在此过程中，不可避免地会发生数据分析、融合、共享等处理行为，个人信息主体想要获得更全面的服务，就需要提供更多的个人信息，该过程中又会催生更多的隐私保护风险。

人工智能技术发展，除了针对个人主体收集信息之外，还需要更多的大数据作为基础及辅助分析。比如在数据精准营销行业，除了获取个人主体的信息和消费倾向之外，往往还需要结合企业既往收集的基础数据库进行建模，或是结合公共数据、第三方提供的数据共同处理。在此过程中又必须考虑第三方数据来源的合法合规问题、委托处理问题、公共数据合规使用边界问题等。

① 《绍兴警方成功破获全国首例利用AI人工智能犯罪大案》，载绍兴市公安局官网，http://ga.sx.gov.cn/art/2017/9/25/art_1229599235_58924603.html，最后访问时间：2022年10月21日。

二、人工智能侵犯个人信息及隐私权益的机理

从侵权的方式来看，目前人工智能对个人权益侵犯的方式主要可以分为两大类，一是侵权人可以非法控制智能系统，比如黑客、病毒，或者因为个人信息处理者技术问题导致的个人信息泄露、网络安全事件等；二是人工智能设计本身或用户协议存在瑕疵，如制造者的技术缺陷、人工智能的“自主行为”、未明确个人信息的使用权限的用户协议可能导致超越个人信息主体授权进行信息的处理。

上述两种侵权方式导向的结果可能是个人信息泄露与违法处理、干扰个人行为决策、对个人权益造成侵害等。相关的处罚方式散见于《个人信息保护法》《网络安全法》《中华人民共和国刑法》《中华人民共和国消费者权益保护法》(以下简称《消费者权益保护法》)等，可见，对个人信息的不当使用和处理，会对个人权益造成多种类型的侵害和不当结果。

以2019年备受争议的某换脸App事件为例，该App的用户隐私协议载明：“如果您把用户内容中的人脸换成您或其他人的脸，您同意或确保肖像权利人同意授予本产品及其关联公司全球范围内完全免费、不可撤销、永久、可转授权和可再许可的权利，包括但不限于：人脸照片、图片、视频资料等肖像资料中所含的您或肖像权利人的肖像权，以及利用技术对您或肖像权利人的肖像进行形式改动。”

可以看出，虽然该隐私协议条款并未明确个人信息的使用权限（此时《个人信息保护法》尚未出台），但是可以理解为App在此处使用了概括同意的方式获取了所有App功能使用者（本人或第三人）的人脸识别信息，并且可以对该等个人信息进行任意的处理、修改、提供等。本案是非常典型的人工智能企业对个人信息不当使用、越权使用的案例。

再如，“美国威斯康星州诉卢米斯”案使用COMPAS算法量刑引发的争议，法院对卢米斯判处了六年监禁，裁判依据不仅仅是卢米斯的犯罪记录，还有COMPAS系统中卢米斯对137个问题的回答的算法结果。COMPAS系统广泛应用在美国刑事诉讼程序中，其通过预测对象的再犯率、出庭可能性等因素，对其保释、量刑和假释作出决策，帮助法官作出“更好的”或者至少是以数据为中心的司法决策。卢米斯对量刑结果提出异议，认为其应有权知道被控告的理由，使用COMPAS系统进行风险评估侵犯了自己依据宪法享有的正当程序权利。①

而上述技术的使用方式导致的侵权结果可能是使公民私密空间处于无必要的监控之下的风险，同时更容易生成用户画像，辐射范围更广，同时，人工智能设备成为“隐私设置”的载体，造成“信息牢笼”等后果。

三、隐私合规工具的使用与整改思路

人工智能企业不同于其他的互联网营销企业，或是数字化转型的传统企业，其合规工作必须跟上技术发展的速度。应该着眼做好当下合规的基础，同时放眼未来的风险。值得庆幸的是，人工智能技术发展至今，其个人信息使用问题尚可以通过合规工具覆盖解决，当然，技术的不断迭代更新势必在未来催生新问题。

（一）开发阶段——产品的隐私设计

从新功能开发之初，企业就应当注重隐私保护合规工作的开展，将

① 881 N.W.2d 749 (Wis. 2016)，https://harvardlawreview.org/2017/03/state-v-loomis/，最后访问时间：2022年11月14日。

个人信息保护的合规要求融入产品设计中。产品的设计、开发、审核、试运营阶段都应嵌入合规要求。企业应当从业务本身涉及处理、交易、提供的个人信息入手，有针对性地制备产品设计隐私合规清单。

同时，根据《信息安全技术 个人信息安全影响评估指南》（GB/T 39335—2020）的规定，建议企业在新上业务线之前开展PIA，在开发阶段就按照隐私合规清单设计产品功能，有助于后续PIA的顺利开展。

（二）投放使用阶段

产品正式设计完成投放市场之前，企业除了对产品本身业务功能开展PIA之外，还应梳理整个产品的个人信息流转情况。人工智能企业涉及的数据和个人信息数量级通常较大，同时可能发生与下游企业、合作单位之间的数据交易、共享。根据《个人信息保护法》第55条的规定，有下列情形之一的，个人信息处理者应当事前进行个人信息保护影响评估，并对处理情况进行记录：（1）处理敏感个人信息；（2）利用个人信息进行自动化决策；（3）委托处理个人信息、向其他个人信息处理者提供个人信息、公开个人信息；（4）向境外提供个人信息；（5）其他对个人权益有重大影响的个人信息处理活动。同时，企业还应对处理的情况进行记录，形成书面报告，并在事后落地、督促执行、审计，确保评估结论落实到日常工作中。

（三）市场推广阶段

该阶段延续时间长，覆盖产品投放使用后的全部生命周期。前文述及《个人信息保护法》对于开展PIA后的合规落地工作也有审核要求。在该阶段，企业在关注产品衍生的新业务线必须进行的合规评估，以及落地合规措施之余，还应当聘请第三方专业人士对合规工作进行定期审计。定期评估和审计的重要意义，除了方便企业进行数据资产管理，提升数据价值以外，如果企业本身或下游供应商、合作方发生数据安全事件，该等成文报告和审计记录均可以成为企业合规工作开展的证明，以规避处罚风险。

对于人工智能企业而言，数据和个人信息处理的全周期链路以及合规工作原理与其他企业没有太大区别。关键在于技术迭代速度快、对于数据依赖性较大、收集的个人信息质量更高，这些共同影响作用，提高了人工智能企业的隐私合规工作的要求。同时，人工智能企业的产品和业务，由于部分非常贴近个人生活，也极有可能涉及伦理道德问题，而非仅限于信息权益的范围，企业应当始终正视风险，重视合规工作的开展。

公民的“合理隐私期待”是从普通法中舶来的一个法律概念，最早出现在1967年的卡茨诉美国案（Katz v. United States）中。当时，美国联邦最高法院约翰·哈伦（John Harlan）大法官在协同意见中提出：只要主观上公民表现出对隐私的真实期待，客观上社会也愿意承认这种期待是合理的，那么公民的这种期待就是合理的隐私期待。[①]

而在中国，现行上位法律同样保障合理隐私期待这种隐私权益。《中华人民共和国民法典》（以下简称《民法典》）作为上位法将自然人的个人信息定义为一项法定的权利。这种上位法的定义，在《个人信息保护法》及相关法律法规中得到全面落地细化，最终形成隐私保护的整体框架。

① Charles KATZ, Petitioner, v. UNITED STATES，https://www.law.cornell.edu/supremecourt/text/389/347，最后访问时间：2022年11月14日。

第五节 人工智能技术的伦理安全风险

人工智能正在以一些全新的方式对人类社会、环境、生态产生深刻的影响，更庞大、更复杂、更有能力的人工智能系统通常能在广泛的任务中表现出很好的性能，同时也表现出更严重的潜在伦理问题。例如，人工智能技术可能会带来偏见、算法缺乏透明度和可解释性、数据收集和使用涉及个人隐私等。

《人工智能指数2022年度报告》显示，大型语言模型正在不断创造技术基准的新纪录，但新数据显示，大型模型也更能反映出训练数据的偏见。与2018年最先进的1.17亿参数的模型相比，2021年开发的一个2800亿参数的模型引发的毒性（Elicited Toxicity）增加了29%。在对比语言—图像预训练（Contrastive Language-Image Pre-Training，CLIP）上的实验表明，黑人的图像被错误地认为非人类的比率是其他种族的2倍以上。自2014年以来，关于人工智能的公平性和透明度的研究呈爆炸式增长，在伦理学相关会议上发表的相关文章数量增加了5倍。[①]算法的公平性和偏见问题已经从主要的学术追求转变为一个具有广泛影响的主流研究课题。

一、各国关于人工智能伦理的法律体系建设

牛津大学学者卢西亚诺·弗洛里迪（Luciano Floridi）和乔西·考尔斯（Josh Cowls）在2019年《哈佛数据科学评论》杂志上发表的文章中提

① 斯坦福以人为本人工智能研究院（HAI）:《人工智能指数2022年度报告》，https://aiindex.stanford.edu/wp-content/uploads/2022/03/2022-AI-Index-Report_Master.pdf，最后访问时间：2022年10月20日。

出了如今被学术界广为认可的AI伦理五原则：行善（Beneficence）、不伤害（Non-maleficence）、自治（Autonomy）、正义（Justice）以及算法可解释性（Explacability）。[①]

随着全球人工智能技术的竞争日益激烈，各国都在积极出台相关的政策法规，以在法律框架下推动人工智能产业的发展。

（一）欧盟

2016年10月，欧盟委员会（European Commission）发布《欧盟机器人民事法律规则》（European Civil Law Rules in Robotics），将人工智能和机器人伦理标准纳入2018年欧盟立法工作重点。

2019年4月，欧盟委员会发布了正式版的人工智能道德准则《可信赖人工智能的伦理准则》（Ethics Guidelines for Trustworthy AI），提出了实现可信赖人工智能（Trustworthy AI）全生命周期的框架。该准则提出可信赖AI需满足3个基本条件：合法的（Lawful）、合伦理的（Ethical）、稳健的（Robust）；并列举了7个实现可信赖人工智能的关键点：人工代理与人工监督、稳健性与安全性、隐私与数据治理、透明性、多样性非歧视性和公正性、社会和环境福祉、问责制。

2020年2月，欧盟委员会发布了《可信人工智能自评量表》（The Assessment List For Trustworthy Artificial Intelligence），以协助各界对人工智能应用与服务进行可信程度的自我评量，该自评量表依循7个可信赖人

① Luciano Floridi，Josh Cowls，“A Unified Framework of Five Principles for AI in Society，Harvard Data Science Review”，Summer 2019，https://www.researchgate.net/publication/334166840_A_Unified_Framework_of_Five_Principles_for_AI_in_Society，最后访问时间：2022年10月21日。

工智能的关键点进行定性评量，其目的也是保障人工智能模型的安全和公正，以及数据的合理收集和使用。

2021年4月，欧盟《人工智能法（草案）》（EU Artificial Intelligence Act）提交给欧盟，该草案是世界范围内第一个专门针对人工智能系统的开发和使用制定的法规，在全球引发巨大反响。该草案依循可信赖人工智能框架，将人工智能应用按风险高低分为3个等级，再对不同等级应用进行不同层次的约束，违反此法案的公司可能被处以2000万欧元或公司收入4%的罚款。

2022年9月28日，欧盟委员会通过了《人工智能责任指令》提案（The AI Liability Directive），该指令首次制定了专门针对人工智能系统造成的损害的规则，围绕人工智能产品相关的消费者赔偿问题，允许消费者对人工智能技术的“错误行为”造成的损害提出索赔，索赔依据可以包括侵犯隐私、由人工智能安全问题造成的损害、涉及人工智能技术的招聘过程中受到歧视等，这是对欧盟《产品责任指令》（The Product Liability Directive）的补充。《人工智能责任指令》将确保受到人工智能产品或服务伤害的受害者可以获得与任何其他情况下相同的赔偿，并通过“因果关系推定原则”减轻了受害者的举证责任，且在涉及高风险人工智能的案件中，给予受害者从公司和供应商处调取证据的权利。与《人工智能法（草案）》重在预警和防范人工智能侵权风险发生的目的不同，《人工智能责任指令》旨在为人工智能导致的侵权损害提供救济，以使人们能够对人工智能技术产生信赖，从而推动人工智能技术在欧盟蓬勃发展。

（二）美国

2020年4月8日，美国联邦贸易委员会（Federal Trade Commission）发布了《使用人工智能和算法》（Using Artificial Intelligence and Algorithms）

的指南，该指南就人工智能领域的数据处理提出了以下要求：（1）收集敏感数据时应该保持透明度；（2）如果根据第三方提供的信息作出自动化决策，可能需要向消费者进行“不利行动”（Adverse Action）的通知；（3）向消费者解释你的决定；（4）保障消费者对决策使用的个人信息的访问权和更正权；（5）向其他数据处理者提供消费者数据需要保障数据的准确性并及时更新。①

2020年12月3日，美国时任总统特朗普签署行政命令《关于促进联邦政府使用可信赖人工智能的行政命令》（Executive Order on Promoting the Use of Trustworthy Artificial Intelligence in the Federal Government），要求机构在开发、获取和使用人工智能时须尊重国家价值观、准确、可靠、安全、负责任、可追溯、透明等原则。②

2021年4月19日，美国联邦贸易委员会公布了关于人工智能的最新指南，从消费者权益保护的角度举例说明了如何使用人工智能构成欺诈或不公平。针对数据使用而言，该指南强调使用人工智能系统处理个人数据应当真实地说明如何使用数据。例如，美国联邦贸易委员会认为，Everalbum（一个照片库应用）就其控制面部识别特征的能力以及用户删除照片和视频的能力进行了虚假陈述。③

---

① Andrew Smith，“Using Artificial Intelligence and Algorithms”，https://www.ftc.gov/business-guidance/blog/2020/04/using-artificial-intelligence-and-algorithms，最后访问时间：2022年10月21日。

② Executive Order on Promoting the Use of Trustworthy Artificial Intelligence in the Federal Government，December 3，2020，https://trumpwhitehouse.archives.gov/presidential-actions/executive-order-promoting-use-trustworthy-artificial-intelligence-federal-government/，最后访问时间：2022年10月21日。

③ Elisa Jillson，“Aiming for truth，fairness，and equity in your company’s use of AI”，https://www.ftc.gov/business-guidance/blog/2021/04/aiming-truth-fairness-equity-your-companys-use-ai，最后访问时间：2022年10月21日。

（三）中国

2017年7月，中国国务院发布《新一代人工智能发展规划》，提出人工智能是影响面广的颠覆性技术，可能带来改变就业结构、冲击法律与社会伦理、侵犯个人隐私、挑战国际关系准则等问题，将对政府管理、经济安全和社会稳定乃至全球治理产生深远影响。在大力发展人工智能的同时，必须高度重视可能带来的安全风险挑战，加强前瞻预防与约束引导，最大限度地降低风险，确保人工智能安全、可靠、可控发展。到2025年，要初步建立人工智能法律法规、伦理规范和政策体系，形成人工智能安全评估和管控能力。

2019年6月，国家新一代人工智能治理专业委员会发布《新一代人工智能治理原则——发展负责任的人工智能》，强调了和谐友好、公平公正、包容共享、尊重隐私、安全可控、共担责任、开放协作、敏捷治理8条原则。

2021年1月，全国信息安全标准化技术委员会秘书处发布《网络安全标准实践指南——人工智能伦理安全风险防范指引》，要求开展人工智能相关活动，应进行伦理安全风险分析，具体包括失控性、社会性、侵权性、歧视性、责任性5个方面的风险；还提出“应尊重并保护个人基本权利，包括人身、隐私、财产等权利，特别关注保护弱势群体”等6项人工智能伦理安全风险防范的基本要求。

2021年9月，国家新一代人工智能治理专业委员会发布《新一代人工智能伦理规范》，提出了增进人类福祉、促进公平公正、保护隐私安全、确保可控可信、强化责任担当、提升伦理素养6项基本伦理要求。同时，提出人工智能管理、研发、供应、使用等特定活动的18项具体伦理要求。

2022年3月，中共中央办公厅、国务院办公厅发布《关于加强科技伦理治理的意见》，明确提出“十四五”期间，重点加强生命科学、医学、人工智能等领域的科技伦理立法研究，及时推动将重要的科技伦理规范上升为国家法律法规。将科技伦理要求贯穿科学研究、技术开发等科技活动全过程，促进科技活动与科技伦理协调发展、良性互动，实现负责任的创新。

二、人工智能带来的伦理风险

（一）信息茧房

2006年，哈佛大学凯斯·R.桑斯坦（Cass R. Sunstein）在他的著作《信息乌托邦》中提出了“信息茧房”概念。桑斯坦指出，在信息传播中，公众所接触的信息是有限的，会选择让自己愉悦的信息，久而久之，会将自身束缚于像蚕茧一般的“茧房”中，失去思考的能力。人工智能算法基于个人的基本信息、网络浏览内容、页面停留时间、关注、点赞、消费记录等信息，为个人反复推送“量身定制”的信息，剥夺了个人接受多元化信息的权利，从而削弱了个人的思考能力与理解能力，使得带有个人偏见的价值观被不断放大。

（二）歧视与偏见

算法作为人工智能的核心，其执行结果直接影响着决策的效果。算法歧视，是指在看似没有恶意的程序设计中，由于算法的设计者或开发人员对事物的认知存在某种偏见，或者算法执行时使用了带有偏见的数据集等原因，造成该算法产生带有歧视性的结果。算法歧视主要分为“人为造成的歧视”“数据驱动造成的歧视”“机器自我学习造成的歧视”三种类别。

“人为造成的歧视”指由于人为原因而使算法将歧视或偏见引入决策过程中。例如，一些电商公司的购物推荐系统偏袒该公司及其合作伙伴的商品，导致消费者不能得到公正的比价结果。

“数据驱动造成的歧视”指由于原始训练数据存在偏见，导致算法执行时将歧视带入决策过程中。鉴于算法本身不会质疑其所接收到的数据，只是单纯地寻找、挖掘数据背后隐含的结构和模式，如果人类输入的数据一开始就存在某种偏见或喜好，那么算法获得的输出结果也会与人类偏见相同。

“机器自我学习造成的歧视”指机器在学习过程中会自我学习到数据的多维不同特征，即便不是人为地赋予数据集某些特征，或者程序员或科学家已经刻意避免输入一些敏感的数据，机器在自我学习的过程中，仍然有可能学习到输入数据的其他特征，从而将某些偏见引入决策过程中。[①]

（三）算法可解释性

依据2017年美国加州大学伯克利分校发布的《对人工智能系统挑战的伯克利观点》，可以将算法的可解释性理解为“解释人工智能算法输入

---

① 国家人工智能标准化总体组：《人工智能伦理风险分析报告》，2019年4月发布，http://www.cesi.cn/images/editor/20190425/20190425142632634001.pdf，最后访问时间：2022年10月21日。

的某些特性引起的某个特定输出结果的原因”。米勒（Miller）等人在其2017年的综述中将“可解释性”定义为“展示自己或其他主题做出的决定所依赖的原因”。[①]

算法之所以难以解释，是因为“黑箱”现象的存在。因为人工智能算法的两个复杂性特质——涌现性和自主性，使其比较难以理解和解释，从而导致“黑箱”现象。[②]人类对算法的安全感、信赖感、认同度取决于算法的透明性和可理解性，因此，算法的可解释性和透明性是一个重要的人工智能伦理命题。如在智能信贷领域，智能金融算法可能会产生“降低弱势群体的信贷得分”等歧视性决策。例如，2019年某公司信用卡系统发生涉嫌性别歧视案例，该信用卡核发时，信用额度的估算算法不透明，以核发结果来观察，有消费者发现，共享财产的夫妻双方，获得的信用额度落差可以达到20倍，其中女方获得较低的信用额度，引发社会舆论争议，该系统算法产生信用额度结果的偏见与性别歧视，是人工智能伦理风险的经典案例。由于作出这种决策是不透明的，但该决策对于用户而言意义重大，因此受算法决策影响的用户应该得到有关“解释”，包括算法的功能和通用的逻辑、算法的目的和意义、设想的后果、具体决定的逻辑和个人数据的权重等，[③]否则将会产生严重的伦理问题。

① Miller，Tim，Piers Howe，and Liz Sonenberg，“Explainable AI：Beware of inmates running the asylum”，IJCA-17 Workshop on Explainable AI（XAI），2017。

② 刘劲杨：《人工智能算法的复杂性特质及伦理挑战》，载《光明日报》2017年9月4日，第15版。

③ 张凌寒：《商业自动化决策的算法解释权研究》，载《法律科学（西北政法大学学报）》2018年第3期。

（四）数据与隐私

随着大数据和人工智能的发展，数据挖掘的深度与广度不断加深，人工智能技术与用户隐私保护出现的紧张关系愈加严重。不法分子获取个人隐私数据的方式更多、成本更低、利益更大，导致近年来数据安全事件频发。例如，2019年4月11日，彭博新闻社报道称科技巨头亚马逊公司生产的智能音箱“Echo”在音箱用户不知情的情况下录制了用户的日常对话，并且亚马逊公司在全球雇用了上千名员工收听并分析这些录音，员工每日工作9小时，每日至少分析1000条录音。[①]个人隐私的曝光导致消费者日常生活受扰，对消费者的个人财产和人身安全造成影响，也使得用户对企业的信任度降低。

三、人工智能企业伦理合规建议

根据《新一代人工智能伦理规范》的要求，企业应主动将伦理道德融入人工智能全生命周期，在人工智能的管理、研发、供应、使用等阶段均应履行规范要求。企业可以设置人工智能伦理审核委员会，负责企业人工智能技术的伦理规范审查，履行研究制定人工智能领域的伦理安全规范和管理制度等职责。例如，DeepMind公司[②]于2017年10月3日宣布成立人工智能伦理与社会部门（DeepMind Ethics & Society）。完善公司内部制度体系，建立《人工智能伦理审查管理制度》。科技企业必须

---

① 唐健：《人工智能应用与伦理》，载《人工智能》2019年第4期。

② 位于英国伦敦，是由人工智能程序师兼神经科学家戴密斯·哈萨比斯（Demis Hassabis）等人联合创立的谷歌公司旗下前沿人工智能企业。

认识到AI伦理治理思想的重要性和作用，将人工智能伦理道德融入管理全过程，加强技术可控性，在算法设计、实现、应用等环节，提升透明性、可解释性、可理解性、可靠性、可控性，增强人工智能系统的韧性、自适应性和抗干扰能力，在数据收集、存储、使用、加工、传输、提供、公开等环节，严格遵守数据相关法律、标准与规范，避免可能存在的歧视与偏见，完善应急处理机制，定期进行伦理风险评估，制定伦理安全风险事件应急预案。

人工智能技术的高速发展，使得人类社会迅速迈向智能时代，产生了智慧交通、智慧医疗、智慧家居、智慧农业、智慧金融等众多应用场景。

虽然当前人工智能发展尚处在弱人工智能阶段，但已经逐渐对社会和环境产生一定的伦理影响。伦理是处理人与人之间关系、人与社会之间关系的道理和秩序规范。截至目前，全球多个国家及地区制定了与科技伦理相关的法律或政策，可以预见，未来各国对科技伦理的重视度会逐渐提升。爱因斯坦说："科学是一种强有力的工具，怎样用它，究竟是给人带来幸福还是带来灾难，全取决于人自己，而不取决于工具。"企业在发展人工智能技术的同时，应当注意关注科技伦理方面的组织建设、制度管理、业务流程等，从形成人工智能伦理准则的基本共识出发，积极探索，推动人工智能技术向透明、包容、责任、公正、可靠、安全和隐私等方向落地。

第六节　人工智能技术的出口管制问题

一、我国涉技术出口管制制度立法现状

国际形势云谲波诡，人工智能技术作为各国之间科技和产业竞争的

重要依托，日渐受到各国更普遍的重视和进出口管制。随着美国政府陆续公布针对特定国家的出口新规，先进数据中心、先进云计算、量子应用、高性能计算项目、中国工厂用于开发制造芯片产品所需物项等领域将被审查和约束。技术出口管制，越来越被视为维护国家安全和领先地位的重要工具。

目前，我国针对进出口管制，构建了“出口管制制度”“技术进出口禁限管理制度”“不可靠实体清单制度”，分别依托《中华人民共和国出口管制法》（以下简称《出口管制法》）与《中华人民共和国对外贸易法》（以下简称《对外贸易法》）等法律法规及配套部门规章，搭建了相关领域进出口制度规范。人工智能技术在当下各产业中被普遍应用，企业在涉及人工智能技术的相关物项和技术服务出口与投资过程中，极易因日趋严格的国家安全审查而增加投资难度与风险。

（一）日趋完善的法律法规体系

为维护国家利益和安全，发展对外贸易，维护对外贸易秩序，履行国际相关防扩散义务，加强和规范出口管制，自20世纪末至今，我国先后通过了《对外贸易法》《出口管制法》等法律以及《中华人民共和国技术进出口管理条例》（以下简称《技术进出口管理条例》）、《中国禁止出口限制出口技术目录》等具有较强实施性和较高指引价值的行政法规和部门规范性文件。以上共同构成了我国目前涵盖货物、技术、服务等多类型和包括人工智能产业在内的多领域法律法规体系（表1–4），逐渐形成了一系列具有指导性的行政操作规程与标准，积累了相关行政审查和审理经验，有效地维护了国家安全，同时也为人工智能企业从事技术和产品出口提供合规指引。

表 1–4　我国涉人工智能技术出口管制主要法律法规

法律法规	发布年份	发布部门	效力层级
中华人民共和国出口管制法	2020年	全国人大常委会	法律
中华人民共和国对外贸易法	2022年	全国人大常委会	法律
中华人民共和国技术进出口管理条例	2020年	国务院	行政法规
禁止出口限制出口技术管理办法	2009年	商务部 科技部	部门规章
技术进出口合同登记管理办法	2009年	商务部	部门规章
中国禁止出口限制出口技术目录	2020年	商务部 科技部	部门规范性文件

1.人工智能技术在涉及《出口管制法》中所列明的管制物项时，可能面临较大的审查阻力

《出口管制法》所界定的出口管制，是指国家对从中华人民共和国境内向境外转移管制物项，以及中华人民共和国公民、法人和非法人组织向外国组织和个人提供管制物项，采取禁止或者限制性措施。针对两用物项、军品、核以及其他与维护国家安全和利益、履行防扩散等国际义务相关的货物、技术、服务等物项，国家出于坚持总体国家安全观，统筹和平与发展的目的，常常会对相关管制物项制定管理清单、名录或者目录，实施出口许可等方式进行管理，出口管制清单所列管制物项或者临时管制物项，出口经营者应当向国家出口管制管理部门申请许可。目前，在《出口管制法》中，暂无直接针对人工智能技术与相关物项的规定，但鉴于人工智能产业在国防科技和经济民生领域的迅速应用，未来不排除国家将通过修正《出口管制法》的形式予以限制。

2.依据《对外贸易法》，人工智能技术被技术进出口禁限管理制度广泛涵盖

以《对外贸易法》对“国家安全”等禁止或限制因素作出界定与指

引为契机，应对国际国内政治和经济形势变化，我国接连发布《技术进出口管理条例》《禁止出口限制出口技术管理办法》《中国禁止出口限制出口技术目录》，中国关于技术进出口禁限管理制度基本成形。在相关法律法规和部门规章的修正中，大量涉及人工智能各产业层级和应用领域的技术被涵盖进去，成为相关投资者和经营者实施技术出口行为所应当依据的首要遵循。若人工智能技术依据相关法律法规规定属于自由出口的技术，经营者应当向国务院对外贸易主管部门或者其委托的机构办理合同备案登记。同时，国家对限制进口或者出口的货物，实行配额、许可证等方式管理；对限制进口或者出口的技术，实行许可证管理。当人工智能技术涉及限制出口事项时，则应当向地方有关行政管理机构申请出口许可。下文将针对人工智能技术出口流程做详细阐释。

（二）各地人工智能法规与发展规划普遍强调国家安全价值指引

笔者统计了《新一代人工智能发展规划》等37份国内人工智能产业发展规划、实施意见或行动方案，涉及国务院各部委，北京、上海、浙江、湖北等19个省市和杭州、青岛等9个全国重要城市，“国家安全”共出现15次。

国务院《新一代人工智能发展规划》中指出，人工智能是引领未来的战略性技术，世界主要发达国家把发展人工智能作为提升国家竞争力、维护国家安全的重大战略，加紧出台规划和政策，围绕核心技术、顶尖人才、标准规范等强化部署，力图在新一轮国际科技竞争中掌握主导权。《上海市促进人工智能产业发展条例》明确要求，市国资监管、人力资源社会保障、教育、卫生健康、财政、统计、国家安全等部门在各自职责范围内，制定相关政策措施，推动人工智能产业发展相关工作。

以上规定高度重视人工智能技术与国家安全之间的密切联系，积极通过立法或政策方式指引相关产业明确价值取向和规范发展方向。建议拥有人工智能技术的投资者或经营者，应当响应国家及各地方相关引导，在人工智能技术的开发和应用过程中，注重合规建设；在实施技术出口时，针对国家安全要件自审自查，主动进行相关申报，落实出口管制要求。

二、我国人工智能技术出口审批规范

根据《技术进出口管理条例》第2条规定，技术进出口是指从中华人民共和国境外向中华人民共和国境内，或者从中华人民共和国境内向中华人民共和国境外，通过贸易、投资或者经济技术合作的方式转移技术的行为。这些行为包括专利权转让、专利申请权转让、专利实施许可、技术秘密转让、技术服务和其他方式的技术转移等多种表现形式。

（一）人工智能技术出口管制下相关技术分类

国家准许货物与技术自由进出口，也鼓励成熟的产业化技术出口。同时，依据《对外贸易法》和《技术进出口管理条例》有关规定，国家将包括人工智能技术在内的出口技术分为禁止出口的技术、限制出口的技术和自由出口的技术。国务院根据外贸主管部门检测进出口情况的需要，针对该三类技术以目录或清单的形式予以公布，有助于相关企业按图索骥，明确出口技术定位，依据相关法律法规要求，及时完成备案登记或许可申报。

1.禁止出口的技术

根据《对外贸易法》规定，国家基于维护国家安全、社会公共利益或者公共道德、保护人的健康或者安全、建立或加快建立国家特定产业的需要，可以限制或禁止有关技术的出口，并由商务部和科技部制定了《中国禁止出口限制出口技术目录》，对涉及通信设备、计算机及其他电子设备制造业、计算机服务业等产业下各类重要技术进行进出口限制。依据相关法律规定，属于禁止出口的技术，不得出口。对于禁止出口的技术，相关投资者或经营者应当清醒地认识其之于国家安全战略的重要意义，不得进行技术出口。在人工智能领域，目前暂无相关技术或产品被列入禁止出口的技术目录。

2.限制出口的技术

人工智能领域大量技术落入《中国禁止出口限制出口技术目录》所限制出口的技术范围。依据《对外贸易法》等法律规定，国家对限制出口的技术实行许可证管理，属于限制出口的技术，应当向国务院外贸主管部门提出出口申请。这些技术被罗列在《中国禁止出口限制出口技术目录》中（表1-5），这些限制出口的技术，涵盖了人工智能产业基础层、技术层和应用层，具体包括半导体器件制造技术、传感器制造技术、无人机技术、信息处理技术、计算机应用技术等，尤以基础层所涉技术为多。

结合国务院《新一代人工智能发展规划》中所指出的，我国积极推动建立新一代人工智能基础理论体系，聚焦人工智能重大科学前沿问题，以突破人工智能应用基础理论瓶颈为重点，超前布局可能引发人工智能范式变革的基础研究，促进学科交叉融合。突破应用基础理论瓶颈，瞄准应用目标明确、有望引领人工智能技术升级的基础理论方向，加强大数据智能、跨媒体感知计算、人机混合智能、群体智能、自主协同与决策等基础理论研究。限制出口目录中所涉人工智能技术，与国家在人工智能产业发展需求方面具有较高重合度。

表1-5 《中国禁止出口限制出口技术目录》中限制出口的人工智能技术[①]

序号	相关人工智能技术	
	通信设备、计算机及其他电子设备制造业	
1	编号	054002X
	技术名称	半导体器件制造技术
	控制要点	1.中心锥形槽状光敏门极的大功率光控双向晶闸管 (1)Cr-Ni-Ag[铬-镍-银]金属阻挡层烧结技术 (2)SiO_2[二氧化硅]和Si_3N_4[氮化硅]绝缘膜门极形成工艺 2.导电电阻$<2\Omega$的二极管制造技术 3.单晶发光屏用原材料配备技术和外延技术
2	编号	054003X
	技术名称	传感器制造技术
	控制要点	1.电子对撞机谱仪用霍尔探头的设计制造与标定技术 2.远场涡流测试探头的设计与制造技术
3	编号	054006X
	技术名称	计算机硬件及外部设备制造技术
	控制要点	1.巨型计算机[运算次数≥1300亿次]制造技术 (1)总体设计技术 (2)主机、操作系统技术 (3)主机、辅机、外部设备的制造和开发技术 2.并行计算机多端口存储器高速通信机制的实现技术 3.并行计算机全对称多处理机的总线和中断控制的设计技术
4	编号	184012X
	技术名称	无人机技术
	控制要点	1.不同级别的固定翼和旋翼类无人机中的微型任务载荷，自主导航、自适应控制、感知与规避、高可靠通信、适航及空域管理等关键技术 2.无人机制造中所涉及的惯性测量单元、倾角传感器、大气监测传感器、电流传感器、磁传感器、发动机流量传感器等类型传感器的关键技术 3.电磁干扰射线枪等反无人机技术

① 表中下画线部分即2020年目录修订时新增涉人工智能技术内容。

续表

<table>
<tr><th>序号</th><th colspan="2">相关人工智能技术</th></tr>
<tr><td rowspan="3">5</td><td>编号</td><td>054008X</td></tr>
<tr><td>技术名称</td><td>机器人制造技术</td></tr>
<tr><td>控制要点</td><td>水下自治或半自治机器人制造技术及控制技术</td></tr>
<tr><th colspan="3">计算机服务业</th></tr>
<tr><td rowspan="3">6</td><td>编号</td><td>056101X</td></tr>
<tr><td>技术名称</td><td>信息处理技术</td></tr>
<tr><td>控制要点</td><td>1.智能汉字语音开发工具技术
2.字符式汉字显示控制器的设计、制造工艺
3.计算机中文系统的核心关键技术
4.工程图纸计算机辅助设计［CAD］及档案管理系统光栅/矢量混合信息处理方法
5.中文平台技术（中文处理核心技术）
6.信息存取加、解密技术
7.中外文翻译技术
8.少数民族语言处理技术
9.汉字、语音识别技术
10.汉语或少数民族语音合成技术
11.汉字压缩、还原技术
12.印刷体汉字识别技术、程序结构、主要算法和源程序
13.Videotex［可视图文］系统的汉字处理技术及网间控制技术
14.具有交互和自学习功能的脱机手写汉字识别系统及方法
15.用于计算机汉字输入识别方法中的手写体样张、印刷体样张以及汉语语料库
16.汉字识别的特征抽取方法和实现文本切分技术的源程序
17.语音合成技术（包括语料库设计、录制和标注技术，语音信号特征分析和提取技术，文本特征分析和预测技术，语音特征概率统计模型构建技术等）
18.人工智能交互界面技术（包括语音识别技术，麦克风阵列技术，语音唤醒技术，交互理解技术等）
19.语音评测技术（包括朗读自动评分技术，口语表达自动评分技术，发音检错技术等）
20.智能阅卷技术（包括印刷体扫描识别技术，手写体扫描识别技术，印刷体拍照识别技术，手写体拍照识别技术，中英文作文批改技术等）
21.基于数据分析的个性化信息推送服务技术</td></tr>
</table>

续表

序号	相关人工智能技术	
7	编号	056102X
	技术名称	计算机应用技术
	控制要点	1.并行图归约智能工作站 2.CIMS［计算机集成制造］实验工程
8	编号	186104X
	技术名称	高性能检测技术
	控制要点	1.高速网络环境下的深度包检测技术 2.未知攻击行为的获取和分析技术 3.基于大规模信息采集与分析的战略预警技术 4.网络预警联动反应技术 5.APT攻击检测技术 6.威胁情报生成技术
9	编号	186105X
	技术名称	信息防御技术
	控制要点	1.信息隐藏与发现技术 2.信息分析与监控技术 3.系统和数据快速恢复技术 4.可信计算技术
10	编号	186106X
	技术名称	信息对抗技术
	控制要点	1.流量捕获和分析技术 2.漏洞发现和挖掘技术 3.恶意代码编制和植入技术 4.信息伪装技术 5.网络攻击追踪溯源技术
软件业		
11	编号	056201X
	技术名称	计算机通用软件编制技术
	控制要点	1.巨型计算机［运算次数≥1300亿次］软件技术 2.并行计算机的微内核和多线程的实现技术，程序并行性识别技术及并行优化编译源程序

续表

序号	相关人工智能技术	
12	编号	186203X
	技术名称	基础软件安全增强技术
	控制要点	1.操作系统安全增加技术:《操作系统安全技术要求》(GB/T 20272—2006)四级(包含)以上技术要求 2.数据库系统安全增强技术:《数据库系统安全技术要求》(GB/T 20273—2006)四级(包含)以上技术要求

3.自由出口的技术

依据相关法律法规规定，属于自由进出口的技术，应当向国务院对外贸易主管部门或者其委托的机构办理合同备案登记。未列入禁止出口限制出口技术目录的人工智能技术，可在进行备案登记后自由实施技术出口。

（二）人工智能技术出口管辖

1.规制范围遵循属地管辖原则

根据《技术进出口管理条例》第2条第1款对技术出口行为进行的界定，从中国境内向中国境外，通过贸易、投资或者经济技术合作的方式转移技术的行为将受到该法规制。这一条文未对技术转移主体的身份或国籍予以特殊规定，应当理解为，不论技术所有权人的国籍或注册地是否为中国，依据属地管辖原则，只要相关技术出口行为发生在中国境内，技术出口行为即应当受到地方商务和科技行政部门管辖与审核。

2.规制范围涵盖多种技术转移方式

《技术进出口管理条例》第2条第2款罗列了可能存在的技术转移方

式，涉及出口的技术转移行为包括专利权转让、专利申请权转让、专利实施许可、技术秘密转让、技术服务和其他方式的技术转移。该规定在一定程度上顺应了在信息时代技术转移方式日渐呈现多样化、隐蔽性的特点。技术移转可以包括以任何形式向其他个人或组织披露和传播技术信息，比如发送电子邮件、提供数据接口或者提供访问权等使得外国的个人或组织可以访问的方式。

（三）限制出口的人工智能技术出口许可申请流程

1.主管部门

依据《禁止出口限制出口技术管理办法》第4条规定，依规定限制出口技术的出口许可，由技术出口经营者所在地的省、自治区、直辖市商务主管部门会同省、自治区、直辖市科技行政主管部门管理。

2.审查内容

在我国，限制出口的人工智能技术出口许可均需向商务主管部门申请，商务主管部门在针对出口技术进行贸易审查的同时，将相关材料发送当地科技行政主管部门，后者组织专家对申请出口的技术进行技术审查同时报科技部备案。

依据《禁止出口限制出口技术管理办法》第8条、第9条规定，我国针对限制出口技术的贸易审查应包括以下内容：（1）是否符合我国对外贸易政策，并有利于促进外贸出口；（2）是否符合我国的产业出口政策，并有利于促进国民经济发展；（3）是否符合我国对外承诺的义务。针对限制出口技术的技术审查应包括以下内容：（1）是否危及国家安全；（2）是否符合我国科技发展政策，并有利于科技进步；（3）是否符合我国的产业技术政策，并能带动大型和成套设备、高新技术产品的生产和经济技术合作。

3. 审查流程

限制出口技术的出口许可流程如图 1–2 所示。

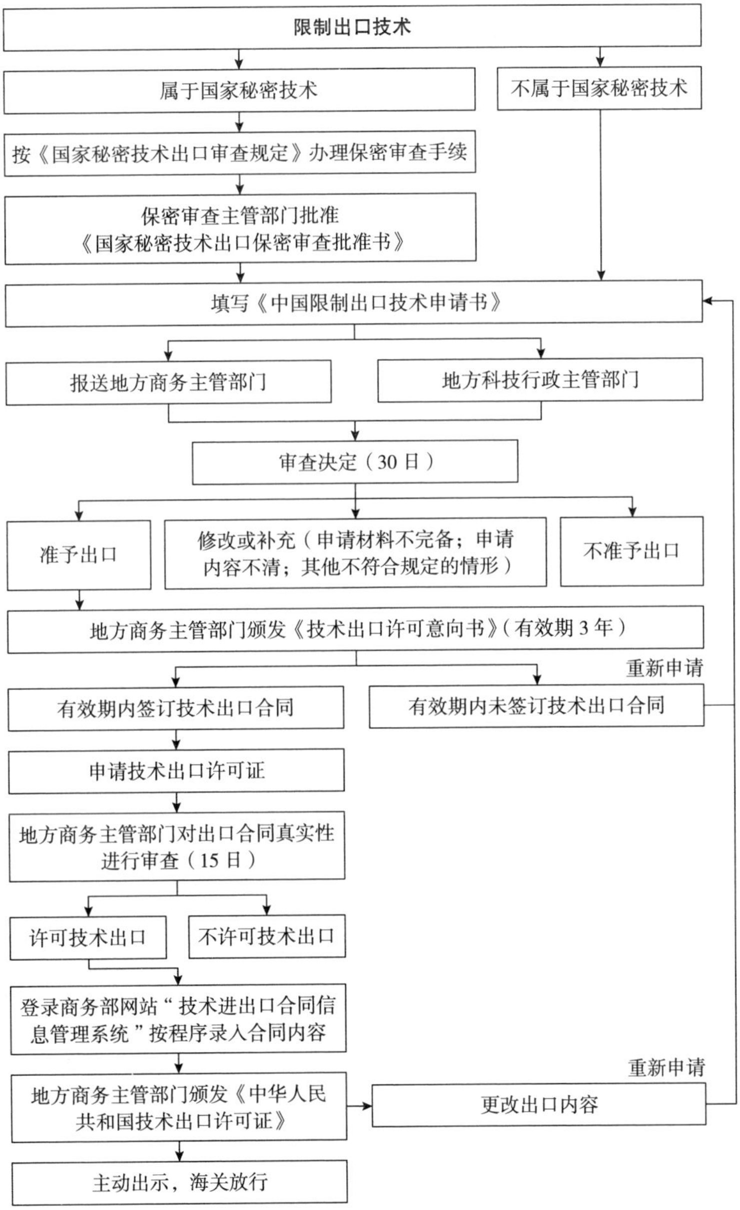

图 1–2　限制出口技术的出口许可流程

（四）法律责任

《技术进出口管理条例》第43条规定，进口或者出口属于禁止进出口的技术的，或者未经许可擅自进口或者出口属于限制进出口的技术的，依照刑法关于走私罪、非法经营罪、泄露国家秘密罪或者其他罪的规定，依法追究刑事责任；尚不够刑事处罚的，区别不同情况，依照海关法的有关规定处罚，或者由国务院外经贸主管部门给予警告，没收违法所得，处违法所得1倍以上5倍以下的罚款；国务院外经贸主管部门并可以撤销其对外贸易经营许可。《技术进出口管理条例》第44条规定，擅自超出许可的范围进口或者出口属于限制进出口的技术的，依照刑法关于非法经营罪或者其他罪的规定，依法追究刑事责任；尚不够刑事处罚的，区别不同情况，依照海关法的有关规定处罚，或者由国务院外经贸主管部门给予警告，没收违法所得，处违法所得1倍以上3倍以下的罚款；国务院外经贸主管部门并可以暂停直至撤销其对外贸易经营许可。

此外，依据《对外贸易法》规定，在对外贸易活动中，从事法律禁止行为的，依照有关法律、行政法规的规定处罚，国务院对外贸易主管部门可以禁止违法行为人自行政处罚决定生效之日或者刑事处罚判决生效之日起1年以上3年以下的期限内从事有关的对外贸易经营活动。在禁止期限内，海关根据国务院对外贸易主管部门依法作出的禁止决定，对该对外贸易经营者的有关进出口货物不予办理报关验放手续，外汇管理部门或者外汇指定银行不予办理有关结汇、售汇手续。

三、人工智能技术出口管制合规建议

当下，人工智能技术在各个产业领域扮演着越来越关键的角色，立法机关和行政机关在法律法规、部门规章和政策文件中对人工智能技术的重视不言自明。这也意味着，企业在人工智能技术的相关物项出口与投资过程中，极易因日趋严格的国家安全审查而增加投资难度与风险。我们建议相关企业高度重视技术出口管制合规审查，熟悉相关申请流程，积极规避出口和投资风险。

（一）加强企业知识产权管理，完善企业技术出口目录清单

人工智能领域技术往往数量庞大而复杂，某一产品或某一应用技术往往会包含多个基础技术，这些技术可能落入我国相关法律法规所规定的限制出口的技术目录下。建议相关企业成立专门的知识产权管理部门，规范企业日常知识产权管理活动，搭建企业技术自审自查制度，建立内部人工智能技术清单，在企业实施专利权转让、专利申请权转让、专利实施许可、技术秘密转让、技术服务等可能涉及技术出口管制行为时，及时评估可能落入技术出口管制的风险。对于自由出口的人工智能技术，应当办理技术出口合同登记；对于属于限制出口的人工智能技术，应在获得监管部门许可意向后，再进行技术出口的实质性谈判和签署技术出口相关合同，办理技术出口许可证。

（二）密切关注人工智能技术出口相关立法和执法动态

包括是否增加限制出口的人工智能技术、人工智能相关技术是否会被列入禁止出口技术、人工智能相关技术是否会被列入出口管制的物项等。随着相关行政执法经验的积累以及人们对人工智能技术出口管制的普遍关注，相信在未来会持续涌现涉及诸多学理和实践问题的典型案例，

该类执法动态将为企业分析和评估出口法律风险提供有益借鉴。

综上所述，为维护国家利益和安全，维护对外贸易权益，我国形成了日趋完善的人工智能进出口管制法律法规体系，先后通过了《对外贸易法》《出口管制法》等法律以及《技术进出口管理条例》《中国禁止出口限制出口技术目录》等具有较强实施性和较高指引价值的行政法规和部门规章，各地人工智能法律规定与发展规划进一步强调了制度的国家安全价值指引。相关人工智能企业应当熟识技术清单，明确技术定位，了解技术出口管辖规则和申请审查流程，从加强企业知识产权管理、密切关注人工智能技术出口立法和执法动态的角度完善相关合规建设，科学评估技术出口法律风险，努力在世界竞争的舞台上书写中国标准，发出中国声音。同时，我们应密切关注各国出口管制政策的最新动向，在芯片、超算等与人工智能密切相关的领域给予更多的法律重视。在包括芯片、生产设备、技术和软件在内的所有人工智能相关物项的出口管制限制领域，中国作为世界上最主要的人工智能应用市场之一，将面临越来越大的挑战。

下　编

人工智能与知识产权

第二章　人工智能领域的知识产权保护

第一节　人工智能领域的著作权保护

一、人工智能领域的著作权保护现状

世界上第一部著作权法——英国《安妮法》于1710年颁布，《安妮法》颁布300余年以来，在社会经济的发展和人类文化、艺术、科学进步的推动下，著作权所保护的作品的内容和传播途径发生了许多变化，使得著作权保护的形式也变得更为丰富。例如，广播电视技术的发展推动了传播权的产生，互联网技术催生了信息网络传播权。人工智能产业与传统产业存在许多不同之处，人工智能产业涉及大量可通过软件著作权保护的程序及文档，并且，由于人工智能应用场景广泛且丰富，还涉及虚拟卡通、虚拟人物形象、虚拟建筑等美术、建筑作品著作权保护客体。现阶段，人工智能领域的著作权保护仍在现有法律制度体系内完成，但是，人工智能技术的复杂性和创新性也带来了一些新型的著作权保护问题。

(一)人工智能领域所涉著作权保护客体

根据《中华人民共和国著作权法》(以下简称《著作权法》)第3条规定，著作权法所称的作品，是指文学、艺术和科学领域内具有独创性并能以一定形式表现的智力成果，包括：(1)文字作品；(2)口述作品；(3)音乐、戏剧、曲艺、舞蹈、杂技艺术作品；(4)美术、建筑作品；(5)摄影作品；(6)视听作品；(7)工程设计图、产品设计图、地图、示意图等图形作品和模型作品；(8)计算机软件；(9)符合作品特征的其他智力成果。

根据上述《著作权法》的规定，在人工智能领域内，可能涉及的著作权保护客体包括以下几类：

1.计算机软件

人工智能领域中涉及大量的算法、代码和程序，涵盖人工智能技术的基础层、技术层和应用层。其中，人工智能领域的软件表达可通过著作权进行保护，软件表达的内涵可根据《计算机软件保护条例》(国务院令第632号)确定，即计算机软件是指计算机程序及其有关文档。具体而言，计算机程序包含源程序和目标程序；文档包含程序设计说明书、流程图、用户手册等描述程序设计、功能、开发情况的文字资料和图表等。但是，计算机软件开发所用的思想、处理过程、操作方法或者数学概念等不受软件著作权的保护。

2.美术、建筑作品

随着人工智能技术应用场景的丰富，受人工智能技术影响的著作权客体也逐渐增多。在Z公司与B公司的著作财产权纠纷案中，法院认为，涉案字库中的字体呈现出了既不同于现存的古代书法字体，也不同于现有计算机字库中已存在的公用字体，还不同于通常手书美术字体的新字体，这种新字体具有一定的独创特征，该独创性是通过人工智能的途径取得的，是B公司通过人工智慧并运用一定的技术手段获得的，特别是涉案字体体现得尤为明显，属于知识产权的范畴，涉案字体构成了著作权法规定的美术类作品。①在人工智能领域的增强现实（Augmented Reality，AR）和虚拟现实（Virtual Reality，VR）应用场景中，会呈现许多虚拟卡通、虚拟人物形象、虚拟建筑等，可对此美术作品或建筑作品进行保护。例如，国内某计算机视觉头部公司就对人机交互过程中的网络虚拟人物形象进行了美术作品登记。另外，一些具有较强独创性和艺术设计的人机交互界面，也可以作为美术作品获得著作权保护。此外，比较常规的是，一些人工智能企业会对其企业标识（LOGO）、产品标识在进行商标保护之外，使用美术作品登记进行补充保护。

3.工程设计图、产品设计图等图形作品和模型作品

人工智能领域若涉及实体产品的设计，例如，近几年非常热门的AR眼镜，在研发过程中会涉及诸多的工程设计图、产品设计图、模型等，同样可以进行著作权登记。

4.文字作品、音乐作品、摄影作品等

目前人工智能领域也涌现出了众多人机交互的网络游戏，这些网络

① 河北省高级人民法院（2021）冀知民终205号民事判决书，载中国裁判文书网，最后访问时间：2022年10月20日。

游戏包含游戏名称、游戏规则、故事情节、场景地图、人物形象、文字介绍、对话旁白、背景音乐等元素。因此，可以通过对网络游戏的各部分素材予以拆分，分别作为著作权法中的文字作品、美术作品、音乐作品、图形作品等进行保护，这一点在以往的司法实践中已基本达成共识。我国现行著作权法尚未将游戏作为一种独立的保护客体。根据《中华人民共和国著作权法实施条例》（以下简称《著作权法实施条例》）第4条第11项规定，电影作品和以类似摄制电影的方法创作的作品，是指摄制在一定介质上，由一系列有伴音或者无伴音的画面组成，并且借助适当装置放映或者以其他方式传播的作品。例如，2017年上海知识产权法院审理的广州S公司与上海Z公司的著作权纠纷案中，法院认为，我国著作权法规定了电影作品和类似摄制电影的方法创作的作品，其中类似摄制电影的方法创作，应是对创作方法的规定，不应仅是对制作技术的规定，更应包括对各文学艺术元素整合的创作方法，并首次将游戏整体画面认定为类电影作品（类似摄制电影的方法创作的作品）进行保护。①此后，多个司法判例中均倾向将各种类型的游戏整体认定为类电影作品。由此可见，通过人工智能技术实现人机交互的互动游戏，各要素除可进行单独保护外，还可探索整体作为类电影作品进行保护。

另外，随着人工智能技术的发展，也产生了各种人工智能生成的音乐、美术作品、文学作品、影视作品等。例如，微软的人工智能小冰推出了“个人”诗集《阳光失了玻璃窗》。目前，在司法实践中，已经出现多例与人工智能创作作品相关的著作权纠纷案件，使得人工智能创作作品的著作权保护问题广受关注。

---

① 上海知识产权法院（2016）沪73民终190号民事判决书，载中国裁判文书网，最后访问时间：2022年10月20日。

（二）人工智能领域内作品的著作权权属

《著作权法》第2条规定，中国公民、法人或者非法人组织的作品，不论是否发表，依照本法享有著作权。外国人、无国籍人的作品根据其作者所属国或者经常居住地国同中国签订的协议或者共同参加的国际条约享有的著作权，受本法保护。据此，著作权自作品创作完成之日起即自动产生，无须注册授权程序即可享有。《著作权法》第9条规定，著作权人包括作者和其他依照本法享有著作权的自然人、法人或者非法人组织。《著作权法》第12条规定，在作品上署名的自然人、法人或者非法人组织为作者，且该作品上存在相应权利，但有相反证明的除外。

1.人工智能领域内一般作品的著作权归属

就人工智能领域的一般作品而言，即使未进行著作权登记，在无相反证据的情况下，作品上署名的自然人、法人或非法人组织也应当被认定为著作权人。但是若涉及比较重要的作品，建议首先应当在作品的研发、设计、销售和服务的过程中，通过多种方式明确署名著作权人的身份，同时做好相关材料的保存以便作为证据。例如，企业开发的人工智能软件，可在软件源代码的注释、头文件等部分进行著作权声明，表明软件的名称、版本、开发时间及著作权人等。另外，考虑到存在诉讼纠纷的可能性，倘若不经过版权登记，著作权人难以举证说明作品完成的时间以及所有人，根据《最高人民法院关于审理著作权民事纠纷案件适用法律若干问题的解释》第7条第1款规定："当事人提供的涉及著作权的底稿、原件、合法出版物、著作权登记证书、认证机构出具的证明、取得权利的合同等，可以作为证据。"因此，建议应同时做好著作权登记，在出现著作权争议时,《著作权登记证书》将是主张权利的有力武器。

2.含开源代码的人工智能软件的著作权归属

新思科技《2022开源安全和风险分析报告》显示，新思科技网络安全研究中心团队共审查了17个行业中超过2400个商业代码库，在报告涵盖的17个行业中，计算机硬件和半导体、网络安全、能源与清洁科技、物联网行业的代码库中100%包含开源代码。其余的垂直行业有93%到99%的代码库中包含开源代码。即便是比例最低的行业，如医疗保健、健康科技和生命科学也仍然有高达93%的代码库包含开源软件。[①]很明显，人工智能软件中也存在大量开源软件，由于在开源软件中，贡献者往往人数众多，互不相识且散布于全球各地，只要项目保持开源则贡献者数量就会持续动态地增加，因此，给开源软件的著作权保护带来了独特的挑战。根据《计算机软件保护条例》第10条规定："由两个以上的自然人、法人或者其他组织合作开发的软件，其著作权的归属由合作开发者签订书面合同约定。无书面合同或者合同未作明确约定，合作开发的软件可以分割使用的，开发者对各自开发的部分可以单独享有著作权……"

例如，在广州知识产权法院审理的L公司诉W公司著作权纠纷案中，被告主张插件化框架虚拟引擎软件（以下称Virtual App）有32位贡献者，为项目管理者和相关贡献者共同创作的、不可分割使用的合作作品，由各方共同享有著作权。对此，法院认为:（1）L公司的股东作为项目管理人于2016年7月7日将Virtual App初始版本源代码（507个文件，共31097行）在GitHub官网上进行开源发布，该初始版本占本案Virtual App

① 新思科技:《2022开源安全和风险分析报告》，2022年3月发布，https://www.synopsys.com/zh-cn/software-integrity/resources/analyst-reports/open-source-security-risk-analysis.html#，最后访问时间：2022年10月20日。

V1.0开源软件代码的绝大部分，是其核心基础，而其他贡献者提交的代码是在此基础上的升级优化，且由项目管理人决定是否将该修改并入主分支，因此其他贡献者提交的代码并未对涉案软件著作权产生实质影响；（2）在中国法下，合作作品的认定需要满足四个要素：作者为两个或两个以上、主观上有共同创作的合意、客观上有共同创作的行为以及合作作者贡献了独创性的表达。但是在本案中被告W公司并未举证证明贡献者提交的代码属于有独创性表达的创作，从而无法认定本案涉案软件属于合作作品；（3）涉案软件使用GNU较宽松公共许可证LGPL3.0（GNU Lesser General Public License 3.0）或GNU通用公共许可证GPL 3.0（GNU General Public License 3.0）开源协议，其他贡献者在申请将其代码合并入主分支时即默认同意使用相关开源协议，也就意味着同意将其修改增补的代码贡献给项目管理者和其他用户在授权许可协议范围内自由使用；（4）L公司在本案中已经就涉案软件提交了著作权登记证书，从2017年8月开始对Virtual App项目进行公司化运作开发运营，被告W公司否认L公司的著作权人身份，但并未就此提供证据。故法院认定本案原告即L公司拥有涉案软件的著作权。①

由此可见，含开源代码的人工智能软件若无明确约定，且无法被认定与其他贡献者达成合意而被认定为合作作品，开发者贡献了核心部分且占据整个软件的大部分时，则开发者对软件可以单独享有著作权。

3.人工智能创作作品的著作权归属

因为人工智能创作作品是人工智能时代下的新型作品，目前，我国

① 广州知识产权法院（2019）粤73知民初207号民事判决书，载中国裁判文书网，最后访问时间：2022年10月20日。

对人工智能生成物的著作权归属没有明确规定，学术界也有很多不同的观点。在传统观点里，根据《著作权法》的规定，作品必须是由自然人创作出来的，虽然法人或非法人组织通过法律拟制也可以被认定为作者，但本质上仍然是来源于自然人的创作，所以人工智能创作的作品不能被认为是著作权法意义上的作品。例如，在美国引起版权归属争议的经典案例——猴子自拍案中，善待动物组织（People for the Ethical Treatment of Animals，PETA）对摄影师斯莱特（Slater）提起诉讼，指控其侵犯了版权，PETA认为版权属于拍摄自拍照的猴子，尽管相机的设置是由摄影师完成的。美国法院驳回了PETA的论点，并指出美国《版权法》没有为动物提供版权保护。①

由于实践中出现了越来越多由人工智能创作的作品，考虑到对人工智能创作作品进行著作权保护的法律意义和经济价值，学术界和实务界也越来越倾向于对人工智能创作作品进行著作权保护。目前，人工智能技术的发展仍处在弱人工智能时代，人工智能技术通常仅仅是一种辅助人类进行创作的强化版工具，所以从本质上来讲，人工智能创作作品仍然来源于自然人，可以视为自然人创作的作品，应受到《著作权法》的保护。

但是，随着人工智能技术的日益强大，人工智能技术的贡献与人类的贡献之间的界限越来越模糊，越来越难以分割，也催促着各国立法机关和法律研究者加快解决关于人工智能创作作品的著作权归属问题。而在各国立法对于人工智能创作作品未予明确规定的情况下，建议可通过协议等方式先行对人工智能创作作品的著作权归属予以明确约定，以避

---

① UNITED STATES COURT OF AppEALS FOR THE NINTH CIRCUIT，Naruto v. Slater，No. 16-15469，April 23，2018，https://cases.justia.com/federal/Appellate-courts/ca9/16-15469/16-15469-2018-04-23.pdf?ts=1524502895，最后访问时间：2022年10月20日。

免可能产生的纠纷。

总体而言，与专利权和商标权需要经过审查获得授权或注册不同，著作权自作品创作完成之日起即自动产生，这一特点正好与人工智能技术发展迅速、生命周期短等属性相适应。且著作权法对作品的保护只要求作品具有“独创性”，即作品系由作者独立创作完成的，而无专利法的“新颖性、创造性、实用性”三性要求，所以采用著作权法保护人工智能领域相关的创作作品，可以使不同水平、不同创作阶段的创作作品都获得法律保护。但著作权法也存在一些缺点，例如，著作权法只保护表达，不保护思想，如果按照相同或类似的算法、思路创作近似的软件，但代码和文档的表达方式不同，则不构成著作权的侵权；另外，产品设计图的著作权保护只能阻止他人抄袭、复制图纸本身，不能阻止他人按照图纸设计出同样的作品。相关权利人应在了解著作权优点和缺点的前提下，与商标权、专利权等其他类型的知识产权进行补充和交叉保护，并做好相关证据的保存，明确权利归属，以对创作作品进行充分的保护。

二、人工智能生成物的知识产权保护之著作权视角

人工智能技术的迅速发展，改变了人类传统的创造或创作方式，带来了各种人工智能的产物，包括人工智能生成的音乐、美术作品、文学作品、影视作品等。例如，沃森节拍（Watson Beat）在研究了超过2万余首包含各种音调、和弦及流派等的热门歌曲后，通过“聆听”至少20秒的音乐，就能创造出新的曲目，其中由Watson Beat创作的歌曲《不容易》（*Not Easy*）即为典型。格莱美奖提名制作人亚历克斯（Alex）通过向Watson Beat发出指令，比如“播放一些听起来很浪漫的音乐”，

Watson Beat便会创作出一首“原创音乐作品”。[①]再如，深梦发生器（Deep Dream Generator）能够通过重复多次解释随机噪声图像、放大图像等软件操作，创造出梦幻般的图片。[②]又如，微软的人工智能小冰，不仅是一个拥有亿万粉丝的人气美少女，还是诗人、歌手、主持人、画家和设计师，创作了《我知我新》《微风》《我是小冰》《好想你》等音乐作品，推出了《阳光失了玻璃窗》《花是绿水的沉默》等“个人”诗集。

人工智能生成物主要有以下特点：（1）人工智能生成物的数量越来越多；（2）人工智能生成物的内容、形态和表达方式日趋接近人类作品。如果没有配套的法律制度进行保护、规制和引导，越来越多的人工智能生成物势必会面临被随意复制、抄袭等各种问题，这将会降低人工智能开发者、所有者、使用者和投资者的积极性，进而影响人工智能产业的发展。

目前，在司法实践中，已经出现了多例与人工智能生成物相关的著作权纠纷案件，引发了诸多问题。例如，人工智能生成物是否具有可著作权性？人工智能生成物的著作权归属为何？这些问题对现有的著作权法律框架产生了冲击，因此，关于人工智能生成物的著作权保护，既是当前的一个学术热点，也是一个值得研究的理论问题。与此同时，人工智能的复杂度和普及度日益增高，人工智能与人类之间的界限也越来越模糊，因此，人工智能生成物的可著作权问题也亟待解决。

---

① IBM Research Blog，“Making‘Cognitive Music’with IBM Watson”，https://www.ibm.com/blogs/research/2016/10/making-cognitive-music-ibm-watson/，最后访问时间：2022年10月20日。

② “Deep Dream Generator”，https://deepdreamgenerator.com，最后访问时间：2022年10月20日。

（一）人工智能生成物的作品属性

《著作权法》属于私法的范畴，适用民事法律制度，民事法律主体的“人”包含自然人和法人。《著作权法》第2条规定，“中国公民、法人或者非法人组织的作品，不论是否发表，依照本法享有著作权”。由此可见，我国现行著作权制度中，只有自然人、法人或非法人组织的作品才能受到《著作权法》保护。随着人工智能技术的发展，人工智能生成物中与人类有关的因素占比正在减少，这给以人类为中心的著作权制度带来了巨大的挑战。

人工智能生成物是否具有可著作权性，首先要判断人工智能生成物是否构成作品。根据《著作权法》第3条的规定，作品是指文学、艺术和科学领域内具有独创性并能以一定形式表现的智力成果。根据该条的界定，如果人工智能生成物要构成《著作权法》意义下的作品，需要满足四个要件：（1）文学、艺术和科学领域内；（2）具有独创性；（3）能以一定形式表现；（4）属于智力成果。显然，人工智能生成物的形式和内容基本与人类作品相似，可以被涵盖在文学、艺术或科学领域内，符合前述第一个和第三个构成要件。但是人工智能生成物是否具有“独创性”以及是否为“智力成果”，有待进一步探讨。

关于“独创性”，应当从“独”和“创”两个方面进行把握：“独”要求作品必须是作者独立创作完成的。“创”要求作品具备“最低限度的创造性”，即与现有其他作品相比存在可被区分的变化。2018年4月20日发布的《北京市高级人民法院侵害著作权案件审理指南》第2.2条规定，“独创性的认定”应当考虑如下因素：（1）是否由作者独立创作完成；（2）对表达的安排是否体现了作者的选择、判断。认定表达是否具备独创性与其价值无关。该条规定显示了在认定“独创性”时，需要考虑“作者”这一作品创作主体的独立性以及其对表达的选择和判断。司法实践中，越来越多的法院在判断作品的“独创性”时，适用“最低限度的创造性”这一客观判断标准。[①]因此，针对人工智能生成物的独创性，目前争论的焦点不在于创造性的高低，而在于满足了“最低限度的创造性”这一要求后，需要判断创作者是否为自然人，以及表达是否体现了创作者的选择和判断。

关于“智力成果”，目前很多国家都将自然人作为作品的创作主体，“自然人创作完成”仍应是著作权法上作品的必要条件。例如，美国《版权法》规定，版权应授予“固定于任何现在已知的或以后开发的有形的表达媒介上的作者的原创作品”（Copyright protection subsists in original works of authorship fixed in any tangible medium of expression）[②]；虽然没有说明作者的定义，但通过不同的判例法，已经确定作者是指人类作者而不是非人类作者，典型判例如前文所述的猴子自拍案。西班牙版权法第5条[③]明确指出，作者被认为是创作文学、艺术或科学作品的自然人。即只有由自然人创作的作品才具有版权。而在人工智能创作的背景下，随着人工智能拟人化能力的增强，在人工智能生成相关内容的过程中，人类因素占比越来越小，甚至在没有任何人类输入的情况下，人工智能也能创作作品。根据上述国家的规定，如果不能将人工智能确定为创作主体，则不能将人工智能生成物称为“智力成果”，进而不能认定人工智能生成

---

① 孙正樑：《人工智能生成内容的著作权问题探析》，载《清华法学》2019年第6期。

② Copyright Law of the United States 17 USC §102（a）。

③ Artículo 5：1. Se considera autor a la persona natural que crea alguna obra literaria，artística o científica.2. No obstante，de la protección que esta Ley concede al autor se podrán beneficiar personas jurídicas en los casos expresamente previstos en ella.

物具有作品属性。如果考虑到在人工智能创作的过程中仍然需要人工智能开发者、人工智能使用者等自然人的介入，并且人工智能生成物的表达体现了人工智能开发者、人工智能使用者的选择和判断，则可将人工智能生成物确定为自然人的“智力成果”。

（二）人工智能生成物的著作权归属

著作权法中，作者身份不仅在作品属性的判断中占有重要地位（传统领域），在权利归属方面更是发挥着决定性作用。《著作权法》第11条规定：“著作权属于作者，本法另有规定的除外。创作作品的自然人是作者。由法人或者非法人组织主持，代表法人或者非法人组织意志创作，并由法人或者非法人组织承担责任的作品，法人或者非法人组织视为作者。”可见，对于传统作品而言，著作权归属于自然人、法人或非法人组织。但是，由于人工智能生成作品是人工智能时代下的新型作品，目前我国对人工智能生成物的著作权归属没有明确规定，对此，学术界也有很多不同的观点。

一种观点认为，因为人工智能生成物的产生离不开人工智能开发者基于数据对算法的开发所付出的创造性工作，所以人工智能生成物的著作权属于人工智能开发者。

另一种观点认为，我国《著作权法》制定之初，法人也不是作者，但随着社会的发展，最终赋予了法人著作权法意义上的主体资格。可见，《著作权法》承认作者包含自然人以外的主体。因此，可以对人工智能赋予拟制的法律人格，使得人工智能生成物的著作权属于人工智能本身。但是，正如《著作权法》第11条所规定的，将法人或者非法人组织视为作者时，该作品不仅由法人或者非法人组织主持，代表法人或者非法人组织意志进行创作，更重要的是，由法人或者非法人组织承担责任。而人工智能与法人存在本质区别，人工智能不具备意思能力、行为能力和承担责任的能力，如果赋予人工智能拟制的法律人格，那么会引发如何认定人工智能的意思表示、侵权行为和责任承担方式等法律问题。

还有一种观点认为，由于人工智能生成物的产生没有人为因素介入，所以不应该被授予著作权，这些人工智能生成物直接进入公共领域，每个人都可以自由使用。但是这种做法会使人工智能开发者、使用者、所有者或投资者失去创作和传播的动力，影响人工智能产业的发展。

我国《著作权法》的立法宗旨是“保护文学、艺术和科学作品作者的著作权，以及与著作权有关的权益，鼓励有益于社会主义精神文明、物质文明建设的作品的创作和传播，促进社会主义文化和科学事业的发展与繁荣”。保护著作权只是手段，为了鼓励作品的创作和传播，促进社会主义文化及科学事业的发展和繁荣，必须解决人工智能生成物的著作权归属和权益分配问题。

解决人工智能生成物的著作权归属和权益分配问题，首先需要认定人工智能生成物的创作主体，然后判断该创作主体是否对作品具有传播的动力。

关于“创作主体”，基于人工智能技术的特点，由于目前正处于弱人工智能时代，人工智能仍然被预先设定了一套学习新任务的指令，尚未出现完全自主的人工智能技术。因此，通常在人工智能生成物的产生过程中，有两类自然人主体可能成为创作主体，即人工智能开发者和人工智能使用者。例如，英国《1988年版权、外观设计和专利法》（Copyright，Designs and Patents Act 1988）第9条第3款规定，对于计算机生成的作品，作者应为对这种创作作出必要安排的人（Section 9：Authorship of work.（3）In the case of a literary，dramatic，musical or artistic work which is computer-generated，the author shall be taken to be the person by whom the arrangements necessary for the creation of the work are undertaken)。即做了所有准备工作、开发了程序并在算法中输入了数据的人应该被赋予作者资格。“必要安排”意味着人工智能生成物的作者，应当是贡献更多创造性智力劳动之人。在认定人工智能生成物的创作主体时，应根据具体情况，分别分析人工智能开发者和人工智能使用者所付出的创造性智力投入；以及人工智能生成物的表达，体现的是人工智能开发者的选择和判断，还是人工智能使用者的选择和判断。通常来说，人工智能开发者和人工智能使用者不是人工智能生成物的“合作作者”。著作权法上的合作作品，是指两个以上的作者经过共同创作所形成的作品。要成为合作作者，除了有共同创作的意识之外，还要有以合作作者身份共享著作权的想法。实质上，人工智能的程序开发者和使用者均无共同创作与共享权利之想法。

关于“传播动力”，对于人工智能开发者来说，可以通过收取软件使用费等方式获得开发投入的回报和收益，且其为了扩大软件使用费的收入，可能会有人工智能生成物的传播动力。对于人工智能使用者来说，如果其为了使用人工智能技术而支付了对价，则会激发其对人工智能生成物进一步的传播动力。

因此，关于人工智能生成物著作权归属认定，应考虑责任承担能力。在目前法律制度没有对此予以明确的情况下，根据创作主体的创造性智力贡献和传播动力，将人工智能生成物的著作权归属于人工智能的开发者或人工智能使用者，或者是他们所代表的法人或其他组织。但是，即便是这种方法，也仍然存在很多问题。例如，如果将人工智能生成物的著作权归属于人工智能的开发者，存在的一个问题是，人工智能开发者开发了计算机程序，只要计算机程序能够运行就可以源源不断地产生新的作品，那么人工智能开发者将获得这些所有作品的著作权，这是否属于过度激励？相关问题有待进一步探讨。

（三）人工智能生成物的侵权责任

人工智能生成物的可著作权性的认定所涉及的第三个问题是，如果人工智能生成物出现了侵权行为，谁应该对该侵权行为负责，是人工智能开发者、人工智能使用者还是人工智能本身？

就人工智能生成物侵权的责任而言，目前有一种理论是将其按照代理—委托关系处理，将人工智能程序视为替委托人完成任务的代理人，由委托人控制人工智能的生产方式和内容。如果人工智能完成的工作不符合委托人的要求，委托人可以修改人工智能的现有指令以反映委托人的愿望。最终，委托人是从人工智能创造的工作中受益的人。因此，当代理人制作的作品侵犯版权时，委托人应该为该侵权行为对受害方负责。

（四）我国司法实践典型案例

在被称为“人工智能生成物著作权纠纷第一案”的北京某律师事务所诉北京某科技有限公司一案中，原告北京某律师事务所在某数据库中检索关键词，使用数据库“可视化”功能，自动生成包含图表和文字的分析报告《影视娱乐行业司法大数据分析报告——电影卷·北京篇》，并在其微信公众号上发表。后被告未经许可在其经营的自媒体平台上发布被诉侵权分析报告。

该案主要争议焦点在于人工智能自动生成的大数据分析报告中的文字内容是否构成作品。

2019年4月25日，北京互联网法院作出一审判决。法院认为，从分析报告生成过程来看，选定相应关键词，使用“可视化”功能自动生成的分析报告，其内容涉及对电影娱乐行业的司法分析，符合文字作品的形式要求，涉及的内容体现出针对相关数据的选择、判断、分析，因此，肯定了该人工智能生成报告具有一定的独创性，但还是认为具备独创性并非构成文字作品的充分条件。根据现行法律规定，文字作品应由自然人创作完成，自然人创作完成仍应是《著作权法》下构成作品的必要条件，由此，否定了该人工智能生成报告的作品属性。上述分析报告的生成过程有两个环节有自然人作为主体参与，一是软件开发环节，二是软件使用环节。软件开发者（所有者）没有根据其需求输入关键词进行检索，该分析报告并未传递软件研发者（所有者）的思想、感情的独创性表达，故不应认定该分析报告系软件研发者（所有者）创作完成。同理，软件用户仅提交了关键词进行搜索，应用“可视化”功能自动生成的分析报告亦非传递软件用户思想、感情的独创性表达，故该分析报告亦不宜认定为使用者创作完成。综上，软件研发者（所有者）和使用者均不应成为该分析报告的作者。分析报告系某数据库利用输入的关键词与算法、规则和模板相结合形成的，从某种意义上讲可认定某数据库“创作”了该分析报告。由于分析报告不是自然人创作的，因此，即使某数据库“创作”的分析报告具有独创性，该分析报告仍不是著作权法意义上的作品，依然不能认定某数据库是作者并享有《著作权法》规定的相关权利。关于该分析报告的权利归属问题，北京互联网法院认为，对于软件研发者（所有者）来说，其利益可通过收取软件使用费用等方式获得，其开发投入已经得到相应回报；且分析报告系软件使用者根据不同的使用需求、检索设置而产生的，软件研发者（所有者）对其缺乏传播动力。因此，如果将分析报告的相关权益赋予软件研发者（所有者）享有，软件研发者（所有者）并不会积极应用，不利于文化传播和科学事业的发展。对于软件使用者而言，其通过付费使用进行了投入，基于自身需求设置关键词并生成了分析报告，其具有进一步使用、传播分析报告的动力和预期。因此，应当激励软件使用者的使用和传播行为，将分析报告的相关权益赋予其享有，否则软件的使用者将逐渐减少，使用者也不愿进一步传播分析报告，最终不利于文化传播和价值发挥。①

而在某互联网公司诉某科技公司案中，原告某互联网公司诉被告旗下资讯平台未经其允许，抄袭原告所开发自动写作软件撰写的文章。2019年12月24日，深圳市南山区人民法院作出判决。法院认为，涉案文章由原告主创团队人员运用所开发的自动写作软件生成，其外在表现符合文字作品的形式要求，其表现的内容体现出对当日上午相关股市信息、数据的选择、分析、判断，文章结构合理、表达逻辑清晰，具有一定的独创性。原告主创团队在数据输入、触发条件设定、模板和语料风格的取舍上的安排与选择属于与涉案文章的特定表现形式之间具有直接联系的智力活动。从整个生成过程来看，如果仅将该自动写作软件自动生成涉案文章的这两分钟时间视为创作过程，确实没有自然人的参与，仅仅是计算机软件运行既定的规则、算法和模板的结果，但该软件的自动运行并非无缘无故或具有自我意识，其自动运行的方式体现了原告的选择，也是由自动写作软件这一技术本身的特性所决定的。该文章的特定表现形式及其源于创作者个性化的选择与安排，并由该软件在技术上“生成”的创作过程均满足《著作权法》对文字作品的保护条件，故认定涉案文

① 北京互联网法院（2018）京0491民初239号民事判决书，载中国裁判文书网，最后访问时间：2022年10月20日。

章属于我国《著作权法》所保护的文字作品。[①]这是我国法院第一次承认了人工智能生成物满足我国著作权法对文字作品的保护条件。

通过以上两则典型案例可以看出，两家法院对于人工智能生成物作品属性的认定作出了不同的判决。导致这一差异的原因在于，两家法院在依据人工智能生成物的生成过程来认定人工智能生成物的作品属性时，对创作过程的时间段采取了不同的认定标准，从而对自然人是否参与创作过程产生了分歧。北京互联网法院认为，分析报告系某数据库利用输入的关键词与算法、规则和模板相结合形成的，而不是自然人直接创作的，因此该分析报告不是《著作权法》意义上的作品。深圳市南山区人民法院则认为自动写作软件的自动运行体现了原告的选择，故认定涉案文章属于我国《著作权法》所保护的文字作品。

总体而言，目前许多国家与地区的学者都还在探讨人工智能生成物的可著作权性问题，并且各国版权法关于人工智能生成物的可著作权性规定也有所不同，未达成一致性意见。我国司法实践中对人工智能生成物的可著作权性也尚无统一判断标准，还需结合具体案情进行分析。2020年修正的《著作权法》第3条增加了第9项“符合作品特征的其他智力成果”，实际上也是给人工智能生成物能否被认定为《著作权法》意义下的作品预留了空间。而关于人工智能生成物的著作权归属问题，在目前法律制度对此没有予以明确的情况下，应考虑从促进人工智能产业发展的长远角度出发，根据《著作权法》的立法初衷，明确激励对象，分析创作主体的创造性智力贡献和传播动力以及责任承担能力，在具体案例中确定人工智能生成物的著作权归属对象，或者是它们所代表的自然

① 广东省深圳市南山区人民法院（2019）粤0305民初14010号民事判决书，载中国裁判文书网，最后访问时间：2022年10月20日。

人、法人或其他组织。

三、机器学习作品的类型化及其著作权侵权责任

随着人工智能的智能化程度越来越高，传统视野下的著作权制度遭到了前所未有的挑战，以深度学习算法为核心的人工智能系统取得了引人瞩目的成就。例如，腾讯写作机器人（Dreamwriter）撰写的财经报道，专业人员认为与媒体记者日常的消息稿无异。①又如，微软人工智能产品小冰于2017年独立创作并出版了诗集《阳光失了玻璃窗》，②又于2019年在中央美术学院美术馆展出首个个展《或然世界》。③目前学界和实务界关于人工智能输出端的生成物是否属于作品以及归属问题的探讨热度不减，而对于人工智能训练过程中输入端的机器学习作品是否涉嫌侵犯著作权的问题则讨论不多。人工智能的前期训练是人工智能“创作”的必要条件，而目前主流的训练算法以深度学习为核心，并且需要海量的训练数据作为人工智能学习和成长的“养料”，人工智能训练团队对海量数据的获取以及输入，势必存在侵犯著作权的风险。因此，对于以输入海量作品作为训练数据的机器学习是否有侵权之嫌，是否可以适用合理使用制度提出侵权抗辩，以及中国当前著作权体系是否能够对这种新的行为进行认定，是以下要探讨的内容。

---

① 廖丰：《腾讯开发新闻写作机器人 记者们是否已哭晕？》，载人民网，http://it.people.com.cn/n/2015/0911/c1009-27570800.html，最后访问时间：2022年10月20日。

② 《人工智能微软小冰出首部诗集》，载中国青年网，http://news.youth.cn/jsxw/201706/t20170601_9938618.htm，最后访问时间：2022年10月20日。

③ 《微软AI小冰在中央美术学院举办首个画展：名叫〈或然世界〉》，载澎湃新闻，https://baijiahao.baidu.com/s?id=1638953179316720516&wfr=spider&for=pc，最后访问时间：2022年10月20日。

（一）机器学习的概念和类型划分

机器学习的主要研究对象是人工智能，是对能通过经验自动改进的计算机算法的研究。深度学习，是指采用深度模型进行机器学习的学习方法，它学习的是样本数据的内在规律和表示层次。

1.机器学习怎么“喂养”数据

以深度学习为核心算法、海量训练数据为学习材料的机器学习是人工智能的智能化程度不断提升的基础，而包括著作权作品在内的数据“喂养”，会面临侵犯著作权的风险。以微软小冰创作诗集为例简要说明机器学习的过程：

微软小冰训练团队将20世纪20年代起到现在的519位中国现代诗人的几万首诗歌，运用图像识别等技术数字化为计算机可读的语言，作为微软小冰训练的语料库，输入微软小冰的诗歌生成模块中进行训练，训练人员可以设置相应的训练次数。相应训练结束后，训练人员通过诱发模块给出创作诱发信号，按照各项指标评价微软小冰训练相应次数以后创作出的诗歌，将评价信息作为反馈来完善诗歌生成模块，当训练人员认为小冰经过一定次数训练以后创作出的诗歌具有一定美感时才会停止训练。[①]微软小冰从零基础学习写诗到创作出具有一定美感的诗歌这一过程中，可能涉及享有著作权作品的输入、对著作权作品的改编或汇编性输出，因此，这一过程中存在侵犯作品的复制权、演绎权等法律风险。

① 《微软小冰被训练成诗人，人类或找到AI创造的通用方法》，载腾讯云《新智元》专栏，https://cloud.tencent.com/developer/article/1075746，最后访问时间：2022年10月20日。

2.机器学习如何分类

复制权是一种依附性权利，控制复制行为的目的在于控制后续的传播和使用行为。所以，在训练数据“喂养”过程中，以传播效果为导向的复制，很可能落入复制权的规制范畴。基于此，可以表达性内容的输出与否作为标准，将使用行为分为表达性使用和非表达性使用。①

相应地，以是否有表达性内容输出为标准，可以将机器学习分为表达型机器学习和非表达型机器学习两类；并以机器学习的作品是否来源于特定作者为标准，将表达型机器学习进一步分为普通的表达型机器学习和特殊的表达型机器学习。②

（1）非表达型机器学习，指没有表达性内容输出的机器学习。此类典型的人工智能系统如人脸识别系统，人脸识别系统以训练人员输入的人脸照片作为训练材料，经过深度学习完成人脸照片像素点阵化——提取面部特征值——构建对应的特征值数字矩阵的识别算法训练，完成训练的人脸识别系统再基于识别算法对现实场景的识别需求作出回应。

（2）普通的表达型机器学习，指有表达性内容输出的机器学习，且用于算法学习的材料不仅仅局限于某一类特定作品，而是来源于不特定的作品。比如，微软小冰将中国近现代500多位诗人的诗歌作为语料库来训练诗歌生成模块，诗歌生成模块运用双向语言模型根据诱发源提取的多个关键词扩展成诗句，经过整诗的流畅性与连贯性检查后，输出创作的现代诗歌。

---

① 高佳佳:《类型化视角下机器学习的合理使用分析》，载《电子知识产权》2021年第5期。

② 李安:《机器学习作品的著作权法分析——非作品性使用、合理使用与侵权使用》，载《电子知识产权》2020年第6期。

（3）特殊的表达型机器学习，指有表达性内容输出的机器学习，且用于算法学习的材料来源于特定的作者。比如，微软将伦勃朗将近16万幅作品的片段作为人工智能系统的训练材料，提取作品片段的绘画细节和绘画风格训练人工智能系统创作模块，最终人工智能系统创作出与伦勃朗风格近似但不相同的作品。[①]

（二）著作权合理使用之三步检验法与转换性使用

著作权法赋予著作权人的专有权利，并不是一种绝对控制作品的权利，在鼓励创作者创作和促进公众获得作品这两种利益的平衡下，著作权法对专有权利在一定程度上加以限制，作出合理的例外规定。

这种合理的例外规定在国际条约上体现为：《保护文学和艺术作品伯尔尼公约》第9条第2款规定，成员国法律有权允许在某些特殊情况下（不经作者许可）复制作品，只要这种复制不致损害作品的正常使用，也不致无故侵害作者的合法利益。同样，在《与贸易有关的知识产权协定》（TRIPs）和《世界知识产权组织版权条约》的规定中，条约成员也可以对作品的专有权作出合理的限制。

1.比较法视角看著作权合理使用的立法规制

作为国际条约的成员国，各成员国的国内立法中对于著作权加以限制的例外规定必须以国际条约为前提。各国立法在著作权的限制和例外上的名称和体例有很大区别，主要分为以下两类：[②]

---

① 许建、朱韶斌：《谁是〈下一个伦勃朗〉的作者？》，载知产力，https://www.zhichanli.com/p/749200061，最后访问时间：2022年10月20日。

② 王迁：《知识产权法教程》，中国人民大学出版社2021年版，第284页。

（1）以美国为代表的一般条款型

美国《版权法》第107条并没有以列举的形式规定“合理使用”对应的各种情形，只给出法官认定行为是否构成“合理使用”的四个考量因素：①使用的目的和性质，即使用是出于商业目的还是教育目的；②被使用作品的性质；③被使用部分的数量和重要性；④对作品潜在市场或价值的影响。

（2）以欧洲大陆法系国家为代表的列举穷尽型

欧洲大陆法系国家的著作权立法通常不以“一般条款”的形式赋予法官运用自由裁量权认定行为是否构成合理使用，而是制定“权利的例外和限制条款”，对是否构成合理使用的情形作出封闭性的全面列举，不属于列举情形的行为则有适用合理使用的可能性。

我国《著作权法》的合理使用制度沿用了大陆法系国家的立法模式，但是有所区别。2010年《著作权法》列举了合理使用的12种情形，随着这种封闭性的列举形式逐渐不适应司法实践的需求，2020年修正的《著作权法》增加了“法律、行政法规规定的其他情形”的兜底情形，在穷尽12种列举的法定情形下，给法官预留了合理使用认定上自由裁量的空间。

2.著作权合理使用的认定模式

各国著作权合理使用的立法虽然存在体例和名称上的不同，但是，合理使用条款背后的立法精神却是统一的，无非是各国按照本国国情和司法实践对条款的各项要件的解释偏向有所区别。对于包括机器学习作品行为的合理使用认定的法律适用，法官主要使用以下两种论证模式：

（1）三步检验法

①特殊且特定情形

该要件对应我国《著作权法》的合理使用条款，即法官在认定未经著作权人同意使用作品的行为是否构成合理使用的免责情形时，仅限定于列举的12种法定情形及增加的“其他情形”。有学者认为,《著作权法》合理使用条款在明文列举的合理使用情形之外增加了一项“其他情形”作为开放性司法解释的入口，实际上违背了“三步检验法”中特定且特殊情形的要件，因为“特定”意指著作权例外类型应由法律明确界定，而不能仅提供模糊标准。[①]

在我国法律体系中，主要有三部与著作权相关的规范性文件涉及“法律、行政法规规定的其他情形”，即《计算机软件保护条例》《信息网络传播权保护条例》《著作权法实施条例》。随着技术革新以及由此带来的法律滞后性，新类型化的行为，包括机器学习作品的行为，是否构成合理使用，将会面临缺乏法律依据的困境。

在司法实践中，为应对法律失位、无法依法裁判的情况，最高人民法院2011年发布的《关于充分发挥知识产权审判职能作用推动社会主义文化大发展大繁荣和促进经济自主协调发展若干问题的意见》（法发〔2011〕18号）第8条规定：“妥当运用著作权的限制和例外规定，正确判定被诉侵权行为的合法性……在促进技术创新和商业发展确有必要的特殊情形下，考虑作品使用行为的性质和目的、被使用作品的性质、被使用部分的数量和质量、使用对作品潜在市场或价值的影响等因素，如果该使用行为既不与作品的正常使用相冲突，也不至于不合理地损害作者的正当利益，可以认定为合理使用……”这份由最高人民法院制定发布的司法文件，突破了《著作权法》的法定列举情形的限制，实际上是引入了美国《版权法》对于合理使用行为考量四要素，在司法实践中起到

① 熊琦:《著作权转换性使用的本土法释义》，载《法学家》2019年第2期。

了很好的效果，如谷歌图书数字化及片段式使用案。[①]

②不影响作品的正常使用

“不影响正常使用”要件采取了“禁止竞争性经济利益标准”，即要求合理使用行为不得与法定权利行使所获经济利益相冲突，所有法定权利所生成的收益应归属于著作权人所有。[②]该要件保护的是著作权人在权利行使过程中产生的经济利益，但是，著作权与经济利益的因果性，以及何种经济价值所包含的经济利益，是《著作权法》在排除专有权的绝对控制以外所应当赋予著作权人的法益，也是司法实践中认定这一要件的难题。

另外，正常使用过程中产生的经济利益应当包括现有的和预期的利益。针对直接使用著作权作品的情形，如涉及侵犯复制权、信息网络传播权的行为，司法实践中常以新作品是否产生了对原作品市场的替代性效应来认定行为的合法性，而针对涉及原作品的演绎权使用作品的行为，虽然演绎作品改变了原作品的表达方式，并且可能在与原作品不同的市场产生经济利益，但是，这类经济利益通常可以视为原作品正常使用过程中产生的预期的经济利益。

③不得不合理地损害合法利益

“正常使用”从文义上讲指通常行使的权利，覆盖了过大范围的著作权市场将导致新技术发展迅猛的今天没有了新市场和新价值的空间，并且从理论上来讲，任何转换性使用行为都必然会对作品的市场价值造成影响，所以，解释“不得不合理地损害合法利益”要件的重点，在于对“不合理”界限的确定。[③]不合理损害和正常使用考量的因素都在于经济

① 北京市第一中级人民法院（2011）一中民初字第1321号民事判决书，载中国裁判文书网，最后访问时间：2022年10月20日。

② 熊琦：《著作权转换性使用的本土法释义》，载《法学家》2019年第2期。

③ 熊琦：《著作权转换性使用的本土法释义》，载《法学家》2019年第2期。

利益，所以，不合理损害的利益同样延伸至预期市场，而对不合理损害的认定也在于考量是否对原作品市场产生替代性，以及是否对原作品的使用行为构成转换性使用等。

（2）转换性使用

美国《版权法》第107条规定了合理使用：

出于例如批评、评论、新闻报道、教学（包括供教室教学的多件复制）、学术或研究等目的……对于受版权保护的作品的合理使用，不属于版权侵权。在判断对于作品的使用在某种情况下是否构成合理使用时需要考虑以下因素：

①使用的目的和性质，包括是否出于商业目的或非营利的教育目的；

②受到版权法保护的作品的性质；

③被使用部分的数量和重要程度相较于被使用的作品的整体情况；

④这种使用对于被使用作品的潜在市场或者作品的价值的影响。

如果对于作品的使用经过上述因素的判断可以认定为合理使用，则作品还未发表的事实本身不会影响合理使用的成立。

对于是否构成合理使用4个要素的认定，美国法院判例存在不同观点，本质是基于原作品产生新价值和保护原作品合法利益的矛盾。例如，美国联邦最高法院在“索尼案”中明确提出，在没有证据证明的前提下，对有版权保护的作品的二次商业性使用被推定为不合理使用。[①]美国联邦最高法院在“坎贝尔案”中强调，商业性使用对于认定合理使用与否并不具有决定性，只是作为衡量合理使用的第一个因素。当二次作品越具有“转换性”，其他阻碍合理使用认定因素（如商业性使用）的重要性就

① Sony Corporation of America v. Universal City Studios，Inc.，464 U.S.417（January 17，1984），https://h2o.law.harvard.edu/cases/2358，最后访问时间：2022年10月20日。

会越小。[①]美国第二巡回上诉法院在“谷歌图书案”中认为，如果复制原作品之后创作的新作品具有高度转换性、创造性，并且新作品产生的市场不构成对原作品受保护的市场实质替代，谷歌的商业性使用行为以及使用比例占原作品百分比过高都不能作为否定合理使用的正当理由。[②]

所谓“转换性使用”，是指对原作品的使用并非为了单纯地再现原作品本身的文学、艺术价值或者实现其内在功能或目的，而是通过增加新的美学内容、新的视角、新的理念或通过其他方式，使原作品在被使用过程中具有新的价值、功能或性质，从而改变其原先的功能或目的。[③]

具体有两种典型的转换性使用行为：

①转换内容的使用行为。其中涉及的转换主要集中于以批注、评论或再创作的方式对原作品加以改动。[④]在我国首例转换性使用判决中，法院认为，《黑猫警长》等美术作品被引用在电影海报中具有了新的价值、意义和功能，其原有的艺术价值功能发生了转换，而且转换性程度较高，不会产生替代性使用，亦不会影响权利人的正常使用。[⑤]

②转换目的的使用行为。不改变作品表达，仅改变作品使用目的的行为，也被称为功能性转换。[⑥]例如，在美国“谷歌图书”案中，美国法院对谷歌公司的复制行为以及片段引用行为均作出合理使用的认定。但我国法院在谷歌图书数字化及片段式使用案中就相似的案件

① Campbell v. Acuff-Rose Music，Inc.，510 U.S.569（March 7，1994），https://h2o.law.harvard.edu/cases/1605，最后访问时间：2022年10月20日。

② Authors Guild v. Google Inc.，804F. 3d 202（October 16，2015），https://h2o.law.harvard.edu/collages/37267，最后访问时间：2022年10月20日。

③ 王迁：《知识产权法教程》，中国人民大学出版社2021年版，第330页。

④ 熊琦：《著作权转换性使用的本土法释义》，载《法学家》2019年第2期。

⑤ 上海知识产权法院（2015）沪知民终字第730号民事判决书，载中国裁判文书网，最后访问时间：2022年10月20日。

⑥ 熊琦：《著作权转换性使用的本土法释义》，载《法学家》2019年第2期。

事实，一审法院仅认为片段引用行为属于转换性使用，而复制行为被认定为侵权。二审法院维持原判，但指正了一审法院对谷歌公司的复制行为是否构成侵权的多项说理，认为“如果是专门为了后续的合理使用行为而未经许可复制他人作品，应当认定为合理使用行为的一个部分，同样构成合理使用”，二审法院基于谷歌公司对合理使用的抗辩提供证据不足驳回了上诉，并未在实体法上对谷歌公司的复制行为是否构成合理使用作出评价。

（三）机器学习作品著作权责任

1.非表达型机器学习

非表达型机器学习仅有著作权作品的输入，以人脸识别系统的学习训练来看，对版权图片提取特征值并构建特征矩阵，并不涉及对作品创造性内容的提取。因此不是表达性内容的输入，且后续训练完成的人工智能系统的应用场景也不会有表达性作品的输出，这种机器学习训练中使用作品的行为不属于著作权法意义上的作品使用，不构成著作权侵权。

2.普通的表达型机器学习

该类机器学习作品强调不特定作品的输入，比如，在微软小冰诗歌生成模块的训练中，输入500多位诗人的诗歌作为语料库来训练小冰根据关键词扩展成诗句的能力，训练过程主要是提取原作品的高频词组表达，创作出的新作品也是根据概率分布和高频搭配等方法的词语扩展，很难形成对原作品的替代性使用，同样也不会损害原作品的市场利益。因此，可以适用合理使用进行侵权抗辩。

3.特殊的表达型机器学习

在微软的伦勃朗绘画创作人工智能系统中，仅输入伦勃朗300多幅作品，并训练人工智能系统识别和分析伦勃朗的绘画风格和绘画细节，包含了对表达性作品的独创性表达的提取，同时，输出的新作品具有强烈的伦勃朗风格，会对原作品的市场产生替代性效应，不属于作品的正常使用，因此，该类机器学习作品不能用合理使用进行抗辩。

总体而言，人工智能技术的发展不仅在于算法、算力、数据三要素的提升，也与著作权法对人工智能技术各个环节的规制与引导息息相关。将人工智能机器学习作品行为类型化，并对合理使用条款法律适用进行解析，在人工智能时代司法实践中有一定意义。

第二节　人工智能领域的专利保护

一、人工智能技术的专利保护现状

（一）人工智能相关专利的申请趋势

世界知识产权组织（World Intellectual Property Organization，WIPO）发布的《2019年产权组织技术趋势——人工智能》[①]显示，自20世纪50年代人工智能出现以来，已有超34万项人工智能相关发明的专利申请，以

① “WIPO Technology Trends 2019 Artificial Intelligence”，https://www.wipo.int/edocs/pubdocs/en/wipo_pub_1055.pdf，最后访问时间：2022年10月20日。

及超过160万篇科学出版物。人工智能相关专利数据中观察到的平均年增长率明显高于所有技术领域专利的平均年增长率。值得注意的是，在与人工智能相关的专利数据迅速增长的同时，论文与专利申请的比例从2010年的8：1下降到2016年的3：1，这表明人工智能技术从理论研究转向商业产品和服务中的使用。

根据《人工智能指数2022年度报告》①，2021年申请的人工智能专利数量是2015年的30多倍，达到了76.9%的年复合增长率。根据《2019年产权组织技术趋势——人工智能》，自2014年以来，中国在人工智能领域的首次专利申请数量居世界前列，美国紧随其后，中国、美国和日本的专利申请占总量的78%。

（二）人工智能相关专利的主要技术内容

根据《2019年产权组织技术趋势——人工智能》，机器学习是专利中公开的主要人工智能技术，超过1/3的文件中都包含机器学习，机器学习相关专利申请量年均增长28%。其中，深度学习和神经网络是人工智能中发展最快的技术。

在人工智能功能应用中，包括图像识别在内的计算机视觉是最受欢迎的。49%的人工智能相关专利文件提到了计算机视觉，平均每年增长24%。另外还包括14%的人工智能相关专利涉及自然语言处理，13%涉及语音处理。在计算机视觉中，生物识别技术相关专利的年均增长率为31%，场景理解增长率为28%。在自然语言处理中，语义增长了33%，

---

① 斯坦福以人为本人工智能研究院（HAI）：《人工智能指数2022年度报告》，https://aiindex.stanford.edu/wp-content/uploads/2022/03/2022-AI-Index-Report_Master.pdf，最后访问时间：2022年10月20日。

情感分析增长了28%。在语音处理中，语音识别和说话人识别都增长了12%。

在人工智能应用领域，交通运输行业占所有人工智能相关专利的15%、电信占15%、生命和医学科学占12%。在交通运输行业中迅速崛起的是航空航天/航空电子设备，年增长率为67%，自动驾驶汽车年增长率为42%。

（三）人工智能相关专利的主要申请人

1. 企业

根据《2019年产权组织技术趋势——人工智能》，前30位人工智能专利申请人中的26位为公司，尤其是来自日本、美国和中国的公司，且大多数活跃于消费电子、电信和/或软件，但也包括一家电力公司（中国国家电网）和一家汽车制造商（丰田），只有4位是大学或公共研究机构。

排名前20名公司中，有12家是日本企业，但前2名为美国公司IBM和微软。IBM拥有最大的人工智能专利申请组合，拥有8290项发明，其次是微软，拥有5930项。两家公司的专利申请组合涵盖一系列人工智能技术、应用和领域，这表明这些公司并未将其活动限制在特定行业或领域。IBM和微软拥有迄今为止最大的自然语言处理产品组合。

中国国家电网已跃入前20名，从2013年到2016年，其专利申请量平均每年增长70%，特别是在仿生方法的机器学习技术方面。另外，百度在深度学习方面排名靠前。

在消费电子、影像、电话和软件领域，日本和韩国公司（即东芝、三星、佳能、富士通和日本电气）主导着最大的功能应用，即计算机视觉。三星在六个计算机视觉子类别中领先四个（即生物识别、图像和视频分割、增强现实及对象跟踪）。丰田在场景理解方面处于领先地位，而东芝在字符识别方面名列前茅。

在控制方法方面，最大的专利组合属于一些活跃在交通领域的公司（如丰田、博世、本田、福特和通用汽车）。Nuance公司[①]拥有最大的语音处理应用专利组合（拥有1776个专利家族）。

在电信领域，微软在电话和计算机网络/互联网子类别以及基于IP的语音传输（VoIP）和视频会议方面处于领先地位。然而，三星在广播和电视广播领域处于领先地位。电信领域的其他知名企业包括诺基亚、乐金（LG）和索尼。

在交通领域，最大的专利组合属于亚洲或欧洲的汽车制造商或供应商（包括丰田、博世和现代）。丰田在自动驾驶汽车、运输或交通工程和驾驶员或车辆识别的子类别中处于领先地位。波音是航空航天/航空电子领域的主要专利参与者。

在生命和医学领域，最大的专利组合属于西门子、飞利浦和三星。

在个人设备、计算和人机交互（HCI）领域，微软、IBM和三星提交的专利家族数量最多。情感计算是最近的趋势，目前还没有明确的领导者出现。专注于这一领域的年轻公司，如Affectiva[②]，拥有与三星和微软等大公司相当的专利组合。

在安全应用方面，IBM在网络安全、异常检测和监视、隐私/匿名三个领域处于领先地位。三星在认证方面名列前茅，微软在密码学方面领先，其次是步步高电子。

---

① Nuance公司是一家为全球企业、组织和消费者提供语音、图像和键盘解决方案的上市公司。

② Affectiva公司是一家情绪识别公司。

业务应用程序由IBM和Microsoft主导。Alphabet[①]、Verizon[②]、东芝在这一领域也表现出强大的专利活动。

在工业和制造应用领域，相关的专利主要由IBM和中国国家电网（拥有518个同族专利）拥有，西门子拥有较少的专利。

在网络应用（包括社交网络、物联网和智慧城市应用）领域，由微软主导，其次是IBM和Alphabet。其中，社交网络领域，专利由Facebook、Verizon和腾讯主导。

在能源领域，中国国家电网是明显领导者，一些中国大学也出现在能源领域的前20名中。

在电子娱乐领域，索尼、微软、科乐美、任天堂和迪士尼拥有相当多的人工智能相关专利组合。

2. 高校与科研机构

根据《2019年产权组织技术趋势——人工智能》，中国大学和公共研究机构的专利活动显著增长，而美国顶尖大学和公共研究机构的专利活动减少。在人工智能领域排名前20的大学和公共研究机构中，17家在中国，3家在韩国。前两名分别是中国科学院（CAS）和韩国电子通信研究所（ETRI）。中国科学院和韩国电子通信研究所也拥有1000多个涉及计算机视觉的专利家族。中国大学在政府事务的计算应用方面最为活跃，而专业公司则主导着农业和军事：迪尔、富世华、中国农业大学和CNH[③]负责农业，雷神、洛克希德马丁和贝宜（BAE）系统公司负责军事。

---

① Alphabet是谷歌重组后的“伞形公司”（Umbrella Company）名称，Alphabet采取控股公司结构，把旗下搜索、YouTube、其他网络子公司与研发投资部门分离开来。

② Verizon是一家美国的电信公司，是全球宽带和电信服务提供商。

③ CNH全球有限公司由纽荷兰公司和凯斯公司在1999年合并而成。

（四）人工智能相关专利的主要申请地域

20世纪80年代初，日本专利局受理了与人工智能相关的第一批专利。随后几年，日本的申请数量停滞不前，而美国的申请数量以及随后在中国的申请数量有所增加。

美国是最受外国申请人欢迎的专利申请目标之一。根据《人工智能指数2022年度报告》，东亚和太平洋地区的份额在2014年开始激增，2021年以62.1%的专利申请量领先于全球其他地区，其次是北美和欧洲及中亚地区。

根据《2019年产权组织技术趋势——人工智能》，2014年，中国的首次申请数量超过了美国。但是，在中国首次申请的专利中，只有4%随后在其他国家或地区进行了专利申请。其他人工智能领域专利申请的主要国家是法国、德国、韩国和英国，而印度正在成为专利申请的新目标。

中国和美国在所有人工智能技术和功能应用的专利申请中处于领先地位，但是在模糊逻辑、计算机视觉和语音处理领域受到日本的挑战，在本体工程领域受到韩国的挑战。

微软向包括印度在内的多达七个主要专利局提交专利申请，而博世、佳能、三星、西门子、索尼和丰田的大部分专利申请在一个以上国家或地区递交。

根据《人工智能指数2022年度报告》，就专利授权情况而言，北美地区以57%领先，其次是东亚和太平洋（31%），以及欧洲和中亚（11.3%）。其他地区加起来的授权数量约占全球授权专利总数的1%。目前中国申请的人工智能专利数量占全球总数的一半以上，其中，6%已获授权，与欧盟和英国的情况差不多。美国申请了几乎所有北美地区的专利，占比约是中国的1/3。

（五）人工智能相关专利的诉讼情况

根据《2019年产权组织技术趋势——人工智能》，在1975年至2017年期间，有1264个人工智能专利家族出现在专利诉讼案件中，4231个人工智能专利家族出现在异议案件中。

在诉讼案件中，排名前三的原告是Nuance公司、美国车辆服务（American Vehicle Services，AVS）和国际汽车技术公司（Automotive Technologies International，ATI），微软、苹果和Alphabet是最大的被告。Nuance公司是涉及26个AI专利案件的原告。这些案件包括侵权诉讼以及单方复审申请，所有案件都是在2008年至2010年之间发起的。

自2012年以来，Orbit已提起近60起诉讼。在一个已经启动的案件中，涉及总共24个专利家族，其中，包括13个AI专利家族，其中一些专利之前由ATI拥有。ATI以2004年至2011年针对汽车公司发起的5项侵权诉讼而闻名。它在2012年将其部分专利转让给AVS。ATI已提起2起涉及13个AI专利家族的侵权案件，第一起（日期为2006年12月21日）针对现代、日本电产艾莱希斯（Elesys）、起亚、本田、宝马和通用汽车，以及第二起（日期为2008年2月1日）针对现代、起亚、日产、西门子和天合等。与AVS一样，这些诉讼涉及相当大的专利组合：2006年案件中的14项专利和2008年案件中的6项专利。

苹果在7起案件中作为原告参与其中，涉及5项AI专利，其中6起是2011年至2018年间提起的针对竞争对手（三星、摩托罗拉、宏达电HTC）的侵权诉讼。苹果在1999年至2017年期间涉及46项人工智能专利的23起案件中作为被告，包括21起侵权诉讼、1起单方面复审申请和1

起行政听证会。在20名已确定的原告中，12名是非生产专利实体（Non-Practicing Entities，NPE），8名是运营公司。

Alphabet在涉及44个AI专利家族的24起案件中被列为被告，其中包括22起侵权诉讼和2起多方复审请求。在22起侵权诉讼中，有16起是由NPE提起的。作为原告方，Alphabet主要涉及针对NPE的多方审查或多方复审请求等诉讼。

提交最多人工智能专利异议的是西门子、戴姆勒和德国捷德公司，而主要被异议对象是三星、LG公司和现代。

73%的专利诉讼案件发生在美国，由于人工智能的技术特点，可能较难识别专利侵权行为，从专利诉讼涉及的技术来看，机器学习技术占421件，而逻辑编程占96件，模糊逻辑占59件。本体工程和概率推理分别仅占7件和5件。值得注意的是，到目前为止，还没有深度学习专利被卷入诉讼，这可能是由于这项技术最近才出现。

在应用领域，电信方面的专利诉讼案例最多，然后依次是个人设备、计算和人机交互、生命和医学、交通和商业。交通领域的专利诉讼数量较少，或许反映了大多数自动驾驶尚未商业化的事实，并且这类诉讼与损害的出现有关，损害通常仅在产品上市后才会发生。

总体而言，大多数人工智能专利申请都以商业应用为重点，即与人工智能功能应用或与人工智能应用领域相结合，涉及20个领域/行业领域，从娱乐到教育再到银行业，表明各个领域都在探索人工智能技术的应用。专利申请最多的领域是已经吸引了大量媒体关注并与人工智能相关联的领域，如交通运输，包括自动驾驶汽车、无人机和飞机，或者生命和医学领域。同时，分析表明，人工智能技术与其他新兴技术的结合，如机器人技术、物联网和用于区块链的密码学，意味着人工智能可以彻底改变其他领域，并与它们相结合带来进一步的发展。

二、人工智能发明创造的专利保护制度——以DABUS案为切入

近年来，关于人工智能生成的发明创造是否能够获得专利保护引发了人工智能产业界及知识产权领域的广泛关注，DABUS案为目前最为典型的案例。DABUS系统，即统一科学自主引导装置（Device for the Autonomous BootstrApping of Unified Science），是由美国科学家史蒂芬·泰勒（Stephen L. Thaler）博士开发的一种具有类似于人脑的独立思考能力和创作能力的人工智能系统。DABUS系统具有能够模仿人脑运作的神经网络系统，可以独立进行发明创造。只需向它提供物理世界的常识，而不需要给DABUS任何指令，它便可以根据记忆中对这些世界常识的了解，将记忆和某些启示组合，从而发明新产品。DABUS系统作出了两项发明创造，分别是“食品容器”（food container）和“用于吸引增强注意力的装置和方法”（devices and methods for attracting enhanced attention）。

虽然，史蒂芬·泰勒博士是DABUS系统的所有者和实际控制者，但史蒂芬·泰勒博士并不认为自己是这些发明创造的发明人。自2018年底开始，史蒂芬·泰勒博士的团队就以DASBUS作为发明人通过PCT途径[①]在美国、中国、英国、日本、韩国等16个国家和地区提出关于上述两项发明创造的专利申请。

① PCT是《专利合作条约》（Patent Cooperation Treaty）的英文缩写，是有关专利的国际条约。根据PCT的规定，专利申请人可以通过PCT途径递交国际专利申请，向多个国家申请专利。

（一）欧洲关于人工智能发明创造的专利保护制度

史蒂芬·泰勒博士以DABUS为发明人于2018年向欧洲专利局（European Patent Office，EPO）提交了专利申请号为EP18275163的“食品容器”和专利申请号为EP18275164的“用于吸引增强注意力的装置和方法”的申请。申请人主张将人工智能系统纳入发明者之列，能够表明发明的真正来源；并且此前欧洲专利局并没有明确表示发明人必须是自然人。但是欧洲专利局指出，申请人对于发明人的理解与《欧洲专利公约》（European Patent Convention，EPC）存在偏差。在对申请人进行口审听证之后，欧洲专利局驳回了该申请，认为人工智能并不具备（发明）专利人的主体资格。此外，欧洲专利局认为DABUS程序的开发者史蒂芬·泰勒博士也无权提起专利申请，因为他未证明如何获得人工智能系统所做发明的权利。对此，史蒂芬·泰勒博士最开始表示，根据欧洲专利局之前的意见，他作为人工智能系统的发明人应当获得权利，但这一说法未被欧洲专利局接受。之后，史蒂芬·泰勒博士又主张他是权利的继受者。对此，欧洲专利局反驳说，机器没有法律上的人格，不能拥有财产，因为机器没有《欧洲专利公约》第19条第1款规定的发明人姓名。机器对做出的发明没有自己的权益，无法在雇佣关系中进行转让或者继承。

随后，史蒂芬·泰勒博士提起了上诉。欧洲专利局上诉法律委员会认为，根据《欧洲专利公约》，专利申请的发明人必须是具有法律能力的人，将人工智能系统指定为发明人不符合《欧洲专利公约》的规定。欧洲专利局上诉法律委员会作出了世界上首个关于DABUS申请发明人问题的最终决定。[①]

（二）美国关于人工智能发明创造的专利保护制度

2019年7月，史蒂芬·泰勒博士向美国专利商标局递交了申请号为16/524，350和16/524，532的两项专利——以一种新颖和创造性的方式闪烁以吸引注意的信号灯（Neural Flame—a light beacon that flashes in a new and inventive manner to attract attention）和一种基于分形几何的饮料容器（Fractal Container—a beverage container based on fractal geometry），将DABUS列为两项专利申请的发明人并将自己列为专利权人。2019年8月8日，美国专利商标局在受理该申请后，发出“补正通知”（Notice to File Missing Parts of Nonprovisional Application），指出该申请“没有表明任何发明人的法律名称”。史蒂芬·泰勒博士提起申诉，要求对美国专利商标局签发的“补正通知”进行监督审查，美国专利商标局不予受理。2020年1月，史蒂芬·泰勒博士又提起申诉，要求美国专利商标局对此决定重新考虑。史蒂芬·泰勒博士辩称，DABUS是一个能够独立进行发明创造的智能系统，其包含了接受常规知识训练的神经网络。该申请及申诉的核心问题在于：根据美国《专利法》，机器是否可以做出法律意义上的发明？2020年4月27日，美国专利商标局回避了机器是否具有思想这一问题，认为人工智能只是发明人的工具，且强调基于美国现有的专利法律和判例，专利的发明人只能是“自然人”，文本用“不管是谁”（whoever，该词仅能指代自然人）和“他”“她”等词来强调发明人必须

① DECISION of the Legal Board of Appeal 3.1.01 of 21 December 2021，https://www.epo.org/law-practice/case-law-Appeals/pdf/j200008eu1.pdf，最后访问时间：2022年10月20日。

是“自然人”。如果将专利法中发明人的范围扩张到机器将会与文本不符，美国专利商标局驳回了史蒂芬·泰勒博士所有关于公共政策支持机器作为发明人的论点，包括所谓的授权能激励AI系统开发和使用这一论点，并由此驳回了史蒂芬·泰勒博士的申请。

史蒂芬·泰勒博士认为美国专利商标局的驳回决定系滥用自由裁量权，遂根据《行政程序法》（Administrative Procedure Act）第702条就美国专利商标局的最终决定向弗吉尼亚东区地方法院提起诉讼，要求法院判令美国专利商标局就其专利申请重新作出审查决定，并请求法院认定人工智能可以作为专利发明人。

弗吉尼亚东区地方法院认为，本案的争议焦点为人工智能是否能够成为美国专利法下的专利发明人。2011年，美国国会出台了《美国发明法案》（America Invents Act），将专利法中的发明人解释为“个人，或者若为共同发明，是发明或者发现该发明客体的全体个人（the individual，or，if a joint invention，the individuals collectively who invented or discovered the subject matter of the invention）”。此外，美国法要求发明人在申请专利时作出承诺，若出现该个人死亡、没有法律能力、尽合理努力后无法找到等情况时，该发明人应当作出替代说明。法院还称，联邦最高法院的在先判例明确，在对法条进行解释时，应当以立法者在制定法律时确定的含义进行解释。此外，在另一在先案例中，联邦最高法院认定《酷刑受害者保护法案》（Torture Victim Protection Act）中，所有的“个人（individual）”应当解释为自然人。根据前述法条和先例可以看出，在立法时美国国会明显将发明人限定为自然人，即指人类，而不包括人工智能。法院指出，随着技术的发展，人工智能可能会达到一个很高的水平，则可以成为发明人，但这一时刻还没有到来。如果真的到来，将由国会决定如何扩大专利法中发明人的范围。因此，弗吉尼亚东区地方法院批准了美国专利商标局即决判决的动议，驳回了史蒂芬·泰勒博士的诉讼请求。

史蒂芬·泰勒博士不服，向美国联邦巡回上诉法院提出上诉。美国联邦巡回上诉法院明确指出，虽然《专利法》并没有进一步定义何谓“个人”，但最高法院的判例以及多本知名词典均表明，“个人”作为名词使用时通常指“人类”。通过对《专利法》的条文进行体系解释，上诉法院进一步指出，国会在此处并未对发明人作出偏离默认含义的界定。虽然史蒂芬·泰勒博士认为，《专利法》第101条和第271条均使用了“任何人”（whoever）的表述，这意味着发明人不仅仅指人类。但上诉法院强调，一方面，专利必须满足《专利法》规定的“条件和要求”，其中包括“发明人”的定义；另一方面，第271条旨在定义专利侵权人，即使非人类（non–humans）能够成为侵权人，也不意味着能够成为发明人。更何况，根据《词典法案》（Dictionary Act）的规定，国会使用“任何人”作为比“个人”更加宽泛的术语。

综上所述，美国联邦巡回上诉法院最终驳回了史蒂芬·泰勒博士的上诉，维持了弗吉尼亚东区地方法院的裁定。[①]

（三）澳大利亚关于人工智能发明创造的专利保护制度

史蒂芬·泰勒博士于2019年9月以DABUS为发明人向澳大利亚专利局提交了食品容器的专利申请。2020年9月澳大利亚专利局以人工智能作为发明人违反澳大利亚《1990年专利法》（Patents Act 1990）为由驳回了该申请。随后史蒂芬·泰勒博士向联邦法院提起诉讼。2021年7月30日，

① Thaler v. Vidal，No. 21–2347（Fed. Cir. 2022），https://law.justia.com/cases/federal/Appellate–courts/cafc/21–2347/21–2347–2022–08–05.html，最后访问时间：2022年10月20日。

初审法官通过对《1990年专利法》的特殊规定和灵活解释，认为《1990年专利法》第15（1）（a）条的“发明人”（inventor）是一个“代理名词”（agent noun），不单纯指代人类，可以指代发明的人或物，同时该法律中也无明确反对人工智能系统成为发明人的具体条款，此外，人工智能已被用于药物研究领域，不应该对“发明者”的概念采取狭隘的观点，否则不仅会抑制计算机科学领域的创新，还会抑制所有其他可能受益于发明成果的科学领域的创新。因此，人工智能可以作为发明人。这是第一个承认人工智能可以作为专利发明人的法律判决，尽管人工智能不能申请专利，也不能持有专利。该判决引起了广泛争议。

在上诉程序中，通过回顾专利制度的历史沿革，上述法院指出专利制度的本质在于“以公开换垄断”，即通过向公众披露发明以使本领域技术人员能够在专利期限届满时实施发明。因此，该项权利的授予与真正第一发明人的发明行为密切相关。在专利制度发展早期，该词曾被扩大适用于实际上并没有从事创造活动但从国外引进（imported）某项发明的人。后来，虽然该扩大解释不再适用，部分在先判例也没有涉及“发明人”是否仅包括人类的问题，但从先例中可以清晰地看出，有关专利权授予的法律是以自然人或自然人头脑中产生的用于专利法目的的发明为前提的。那些对发明概念作出贡献或提供发明概念的人有权获得激励，授予一项发明专利是对其创造的奖励。因此，上诉法院认为，专利法中“人的努力”这一要素最为重要。同时，二审法官提出了初审法官观点存在的问题：若人工智能DABUS能够被认为是发明人，而其本身又是史蒂芬·泰勒博士的发明物，此时就其产出应授予谁专利？二审法官就此列举了多项可能人选，如承载运行DABUS的机器的所有者、DABUS的开发者、DABUS源代码的版权所有者等，由此，若支持初审法官观点，则难以界定准确的发明人，存在较高法律风险。此外，若人工智能DABUS能够被认为是发明人，为了保证法律的内在逻辑稳定，那么澳大利亚现有专利法中对于创造性的标准也必须重新校正，以使其不用再参考本领域普通技术人员的知识和思维等。

2022年4月13日，澳大利亚上诉法院最终否定了人工智能的发明人身份，由此推翻了初审法院的判决。①

（四）中国关于人工智能发明创造的专利保护制度

我国《民法典》第123条规定，民事主体依法享有知识产权。同时在第2条中明确，民事主体包括自然人、法人和非法人组织。显然，人工智能并不在民事主体之列，从而不能依据《民法典》第123条的规定享有专利等知识产权。

国家知识产权局于2020年11月10日发布的《专利审查指南修改草案（第二批征求意见稿）》第一部分第一章第4.1.2条规定："发明人应当是个人，请求书中不得填写单位或者集体，以及人工智能名称，例如不得写成'××课题组'或'人工智能××'等。发明人应当使用本人真实姓名，不得使用笔名或者其他非正式的姓名。不符合规定的，审查员应当发出补正通知书。申请人改正请求书中所填写的发明人姓名的，应当提交补正书、当事人的声明及相应的证明文件。"这表明，中国已成为继英国之后全球第二个以法律明文规定拒绝将人工智能作为发明人的国家。《专利审查指南》的修改进一步说明在弱人工智能时代，各国专利法普遍采用的"人类发明人中心主义"的立场仍然难以撼动。

---

① Commissioner of Patents v Thaler［2022］FCAFC 62–AI as an Inventor?，https://piperalderman.com.au/insight/commissioner-of-patents-v-thaler-2022-fcafc-62-ai-as-an-inventor/，最后访问时间：2022年10月20日。

目前，DABUS作为发明人在中国提交的专利申请还未开始审查，但是根据上述规定，暂时可以推测中国对于人工智能作为发明人这一点，将与其他主要国家保持一致，即持否定观点。

现阶段人工智能并没有生物学意义上的身体，也不具备完全的权利能力，且欠缺自主意识，人类通过社会生活经验的积累建立情感、道德和欲望等意识层面上的认知理性，而人工智能却是通过数据搜集和分析对事物产生认知，最多只能掌握数据呈现出的表象，无法了解数据背后体现的内在规律和道德准则，从而不具备自主意识，无法对激励作出回应。因此，专利法激励机制对人工智能来说形同虚设，并不能起到激励作用，强行将专利权赋予人工智能，违背专利法鼓励创新的立法宗旨。①

总体而言，人工智能无法像人类一样在价值取向上作出积极、有利的判断，因此，在法律上认可人工智能作为发明人时，会遇到伦理等方面的问题。整体上，关于人工智能能否作为发明人提交专利申请，除前述提及的欧洲、美国和澳大利亚外，全球其他主要司法管辖区如英国、德国、新西兰和韩国也呈现一致的观点，均持否定态度，认为专利法意义上的发明人应当是自然人。

第三节　人工智能领域的商标保护

一、人工智能领域的商标保护现状

人工智能领域的迅猛发展，使其产业经济价值和市场价值日益得到

① 陈全真、徐棣枫:《论人工智能生成发明的可专利性及权利归属》，载《科技进步与对策》2022年第9期。

普遍认可和重视。在相关法律法规和政策文件中，人工智能科技成果商业化应用，人工智能产业市场化转型，成为未来一段时间各省市重点推进的工作任务。人工智能与商业，呈现出前所未有的融合态势。《上海市人工智能产业发展“十四五”规划》提出，“助力经济全方位提升。制造业领域，深入推进人工智能在电子信息、生命健康、汽车、高端装备、先进材料、时尚消费品六大重点产业的应用，开展人工智能赋能智能制造试点示范，探索推广细分领域、特定环节人工智能应用标准方案，形成人工智能赋能制造的系统性路径。商贸零售领域，发展人工智能赋能的新型零售方式，推动传统商业企业向全渠道平台商、个性化定制商转型”。在这一深度融合中，也催生了人工智能领域对商标保护的重要需求，有别于传统商标保护体系，人工智能企业在应对商标的申请和管理具备新特点和新要求。

（一）人工智能领域的商标保护重点

在国家和相关部门优惠政策的支持推动下，我国人工智能技术发展和市场化水平日趋提升。人工智能应用场景逐渐多元，企业在扩展市场和业务场景、开发新技术和新产品时，需要注意重新检视商标保护现状，在基于本企业现有商标资源实现注册的同时，加强各新兴领域和产业相关商品或服务类别上的申请注册，防止他人抢注。例如，根据企查查2022年初发布的《中国元宇宙商标申请企业画像报告（2021年）》统计，截至2021年底，我国共申请“元宇宙”商标达11376件，涉及公司达1692家。其中2021年申请了11374件，涉及公司1691家。这其中既包含游戏、影视传媒、汽车、物联网等广泛人工智能技术的企业，也包括人工智能企业。企查查数据研究院经整理发现，头部互联网企业诸如腾讯、网易、百度等均申请了元宇宙相关商标，其中尤以腾讯最为积极，申请了“QQ元宇宙、王者元宇宙、和平精英元宇宙、QQ音乐元宇宙、腾讯音乐元宇宙”等99个商标。网易、网易严选、网易有道、网易雷火都申请了元宇宙商标。百度申请了METMAP、META MAPS、METAApp等商标，可能为地图、移动端业务等进行布局。①

（二）人工智能领域的商标诉讼情况

人工智能领域商标诉讼和保护状况，与我国相关产业发展现状与法律服务需求密切联系。截至2022年9月底，笔者通过威科先行法律信息库进行相关检索，以“关键词：人工智能”“案由：商标权权属侵权纠纷”为关键词，查得裁判文书58篇，其中北京市、上海市、浙江省、广东省案件数排名靠前，分别有18篇、7篇、7篇、9篇（图2–1）。选取人工智能领域比较有代表性的关键词“算法”，同时以“案由：商标权权属侵权纠纷”为关键词进行检索，查得裁判文书128篇，其中北京市、上海市、浙江省、广东省案件数量分别为21篇、15篇、14篇、41篇（图2–2）。通过以上数据可基本描摹我国人工智能领域商标保护状况，也折射出我国人工智能产业发展现状。

① 崔凡：《企查查发布〈中国元宇宙商标申请企业画像报告〉：中国元宇宙的未来在这1692家公司手里！》，载企查查官网，http://news.qcc.com/postnews/qd72ad8996f16f26374ce638198f32c4.html，最后访问时间：2022年10月20日。

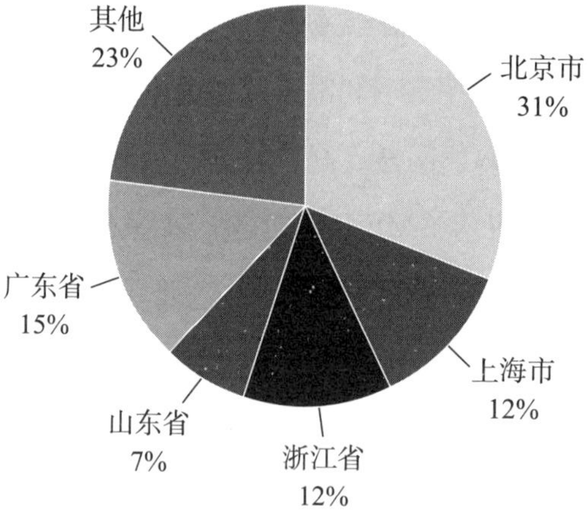

图2-1　以“人工智能”为关键词之一的检索结果

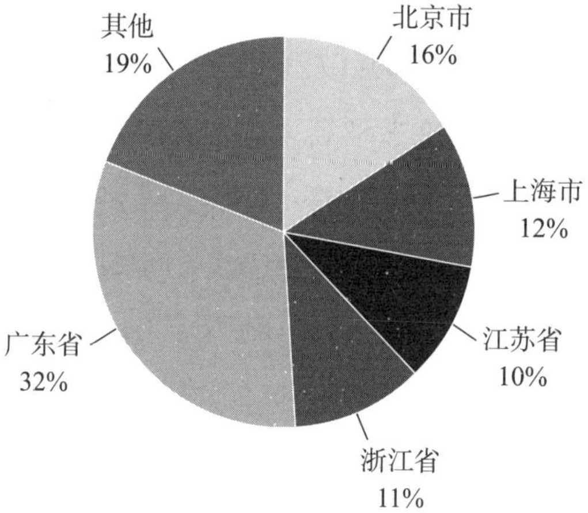

图2-2　以“算法”为关键词之一的检索结果

通过分析前述数据可知，我国人工智能产业发展整体水平不高，筛除无关案例后，每年实际产生的以人工智能为争议焦点或主体为人工智能企业的相关商标诉讼案件并不多，我国人工智能企业在商标申请、确权维权等领域仍处于起步阶段。同时，可以观察到我国人工智能领域商标诉讼案件呈现出明显的地域分布特征。北京市、上海市、广东省、浙江省和江苏省相关司法裁判案件较多，而内地省市数量明显少于一线城市及东部沿海省市，这反映了我国人工智能产业在各省市之间发展不均衡的状况，北京、上海、广东及江浙是高校和人才集聚、互联网和科技创新型企业重点汇集的区域，对商标司法保护的规模和水平提出了更高的需求。

（三）人工智能领域的商标典型案例

在人工智能产业相关商标和反不正当竞争司法裁判中，法院往往并不拘泥于传统的侵权和不正当竞争认定规则，而是结合人工智能应用具体场景，考量商业使用中的影响因素，对消费者混淆状况和竞争危害作出综合性判断和权衡。“小度”语音指令不正当竞争纠纷案[①]系北京法院发布2021年度知识产权司法保护十大案例。[②]该案中，百度在线网络技术（北京）有限公司（以下称百度公司）是包括“小度在家1S”（以下称小度智能音箱）在内的“小度”AI电子产品的开发者和运营者，“xiaodu xiaodu”是百度公司用于AI电子产品中具有唤醒和操作功能的语音指令。经长期使用，“小度”商品名称及“xiaodu xiaodu”语音指令均已具有一定影响力。百度公司发现，Z公司生产、销售与小度智能音箱相同的AI学习机，该公司在其官网宣传内容及学习机中突出使用“小杜”指代其产品；在Z公司学习机中使用“xiaoduxiaodu”语音指令进行唤醒和操作，并在官网对此进行宣传。百度公司认为上述行为使公众产生混淆，构成

① 北京市海淀区人民法院（2019）京0108民初63253号民事判决书，载中国裁判文书网，最后访问时间：2022年10月20日。

② 《北京法院发布2021年度知识产权司法保护十大案例》，载微信公众号“京法网事”，2022年4月20日发布，https://mp.weixin.qq.com/s/gwgjgL7m01RF2YoPwu8NGA，最后访问时间：2022年10月20日。

不正当竞争。法院认为，无论是将小度智能音箱从待机状态唤醒，还是执行某一具体操作，均须呼叫“xiaoduxiaodu”。可见，“xiaoduxiaodu”已成为用户在使用小度智能音箱时必不可少且频繁出现的特定的语音指令，已与该产品的人机交互等功能和服务建立起密不可分的联系。尽管Z公司的“小杜”与“小度”存在一字之差，且其在相关文字中将“xiaoduxiaodu”表述为“小杜小杜”，但用户有关使用感受的文章内容以及向双方产品同时发出“xiaoduxiaodu”语音指令后得到相同反馈等事实，均在一定程度上印证了上述差异并不足以避免混淆、误认的后果，亦不能改变被诉行为的法律性质。本案中，法院具体考虑了唤醒服务时使用感触和反馈事实，深度考量人工智能应用场景，基于此作出的不正当竞争判断是准确和合理的，相信这也是未来人工智能商标裁判的重要趋势。

国务院印发的《新一代人工智能发展规划》指出，新一代人工智能发展规划的基本原则之一为市场主导。遵循市场规律，坚持应用导向，突出企业在技术路线选择和行业产品标准制定中的主体作用，加快人工智能科技成果商业化应用，形成竞争优势。把握好政府和市场分工，更好地发挥政府在规划引导、政策支持、安全防范、市场监管、环境营造、伦理法规制定等方面的重要作用。

随着人工智能产业与社会生活融合程度日益深化，相关企业在实现商标权申请和保护过程中，不断遇到新问题、出现新情况，也催生了该领域商标保护重点、民事和行政诉讼领域的新变化，相关司法部门为应对这一变化，在侵权认定等问题上也不断涌现新思路和新观点。这提示相关经营者应当提前筹划商标注册和布局策略，充分重视商标管理和品牌维护，回应企业发展战略需求。

二、人工智能领域的商标注册及布局策略

作为人工智能领域知识产权管理制度的重要组成部分，具有针对性和前瞻性的企业商标发展规划，有助于通过运用法律的方法实现企业的品牌保值增值，在竞争中建立和保持人工智能企业品牌优势。在这一过程中，相关企业应当充分研判人工智能产业发展重点方向，明晰人工智能领域业务范围，清楚界定企业核心产品与服务、关联产品与符合、潜在产品与服务，分别针对不同的市场和商标注册需求，制定企业内部商标工作计划、商标管理办法、知识产权管理制度，有计划、多层次地推进商标注册，保障企业发展利益和自身合法权益，规避侵权风险（图2-3）。

为应对企业在人工智能产业领域越来越高的商标管理需求，以下分别从注册规范和使用规范的角度提供分析与建议。人工智能企业需结合本行业领域特点和企业发展需求，制定明确的商标注册规划和明确的商标申请策略；在完成商标注册后，规范实施商标使用行为，构建商标市场监测体系，应对潜在的商标侵权风险，制订企业内部商标工作计划和知识产权管理制度，为企业发展插上“品牌力量”的翅膀。

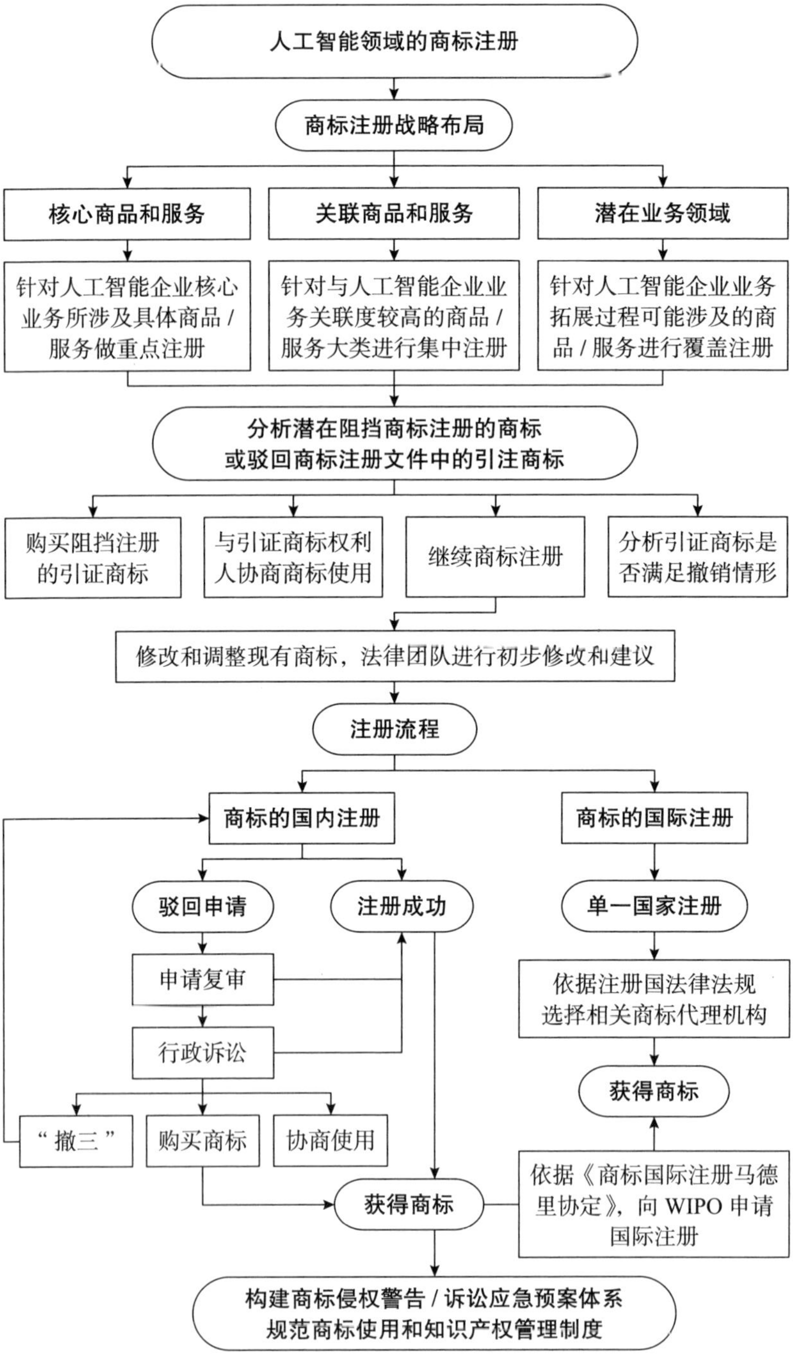

图2-3　人工智能领域的商标注册及布局策略

（一）人工智能领域商标注册规范

1.结合人工智能领域特点和企业发展需求，制定明确的商标注册规划

人工智能已渗透至人们生活的方方面面，广泛应用于教育、医疗、养老、环境保护、城市运行、司法服务等领域。伴随着人工智能产业的发展，其准确感知、预测、预警基础设施和社会安全运行的重大态势的优势，极大提高了公共服务精准化水平和人民生活品质。

考察中国现行的《类似商品和服务区分表》，人工智能产业可能涉及的商品服务类别为第9类计算机软件、第35类计算机在线广告、第41类通过计算机网络在线提供的游戏服务等。目前大部分互联网及人工智能企业所注册商标均集中在前述几大类，具体到更加细化的产品或服务，则应当依据企业的实际情况具体分析。同时，值得注意的是，除了基础算法、算力、数据和技术层面的应用以外，《科技部关于支持建设新一代人工智能示范应用场景的通知》（国科发规〔2022〕228号）中提出，围绕构建全链条、全过程的人工智能行业应用生态，支持一批基础较好的人工智能应用场景，加强研发上下游配合与新技术集成，打造形成一批可复制、可推广的标杆型示范应用场景。首批即推出智慧农场、智能港口、智能矿山、智能工厂、智慧家居等10个应用场景。这意味着，人工智能产业的商标注册范围将远远超出计算机和互联网领域，依托政策优势和市场优势，人工智能企业可能涉足三大产业和人们生活的方方面面。相关企业应当及时洞察和认识市场变化，结合人工智能领域特点和企业发展需求，制定明确的商标注册规划，清楚界定企业核心产品与服务、关联产品与符合、潜在产品与服务，及时进行商标注册申请。

2.结合人工智能企业发展规划和需求，制定明确的商标申请策略

在商标注册过程中，当某商标已经被他人注册、申请注册商标与他人在先商标构成近似、商标违反国家强制规定等情况出现时，商标即存在较大被驳回风险。《中华人民共和国商标法》(以下简称《商标法》)第30条规定："申请注册的商标，凡不符合本法有关规定或者同他人在同一种商品或者类似商品上已经注册的或者初步审定的商标相同或者近似的，由商标局驳回申请，不予公告。"考虑到学术界与实践中对商标相同或近似的判断存在一定争议和执行上的模糊性，当人工智能企业依据自身企业发展规划涉足一个全新的领域时，该领域内具有较强识别性的商标资源可能已被抢占，相关企业进行商标注册可能存在较高驳回风险。

人工智能企业一般有两种命名方式。第一种给是已有的主商标加上简洁的新名词，如IBM的IBM Watson、华为的HUAWEI Atlas等。利用已经注册多年的主商标可以提高新的组合商标申请通过率，也可以带动新组合品牌的运营营销。主商标后面所带的新名词还可以代表新系列，如"Cloud""AI SOLUTION"表明了商品服务的具体内容。第二种是跟之前的主商标完全不相关的全新商标，如百度的Apollo。[①]

3.人工智能企业在商标选取上，注重企业品牌稳定性与新商标灵活性的统一

全新单独的相关商标，应尽量选择自创词汇而非字典词汇。在自创词汇过程中努力对应公司名称元素，暗示科技公司属性，选择显著性较

① 《【商法实务】人工智能企业如何做好商标保护工作》，载微信公众号"河北贸促"，2022年8月4日发布，https://mp.weixin.qq.com/s/c9UEV9BKhfb27-YEfJNZYg，最后访问时间：2022年10月20日。

强的图文进行注册。此外，选择与主商标组合注册的方式，更有助于企业品牌文化的建设与延续，充分利用企业现有的市场影响力，提升新商标市场推广便利度和消费者接受度，降低商标驳回风险。同时，关于商标注册过程中需要注意的一般问题，诸如不得将《商标法》明文禁止注册的元素作为商标注册，不得使用知名的人物姓名、艺名、企业字号、地理标志等可能侵犯他人在先权利的内容。为提高商标审核通过率，建议同时创作2—3件不同的商标进行注册。

4.以商业秘密的方式保护企业经营方案和申请策略，避免商标抢注

企业应充分重视待注册商标对于企业经营的重要意义，加强商标注册保密工作，跟踪商标注册计划的商业秘密流转，对商业秘密资料的复制、下载、访问实行严格管控，实现商标申请文件从形成、存储、应用、脱密全生命周期的安全保护。也可通过标记、分类、隔离、加密、封存、限制能够接触或者获取的人员范围等物理隔离落实保密措施，对存放商业秘密载体的区域和空间进行单独施划，对存放商业秘密载体的房间上锁、悬挂警示牌、贴警示标语等，都是有效的保密措施。

5.积极推进商标国际布局和国际注册

为满足未来人工智能产业潜在的国际市场和企业潜在的国际化运营需求，相关企业在取得国内授权后，可基于《商标国际注册马德里协定》提出国际注册申请。《知识产权强国建设纲要（2021—2035年）》和《“十四五”国家知识产权保护和运用规划》强调了进一步提升商标国际注册服务水平、加快培育国内企业以商标品牌为核心的国际竞争新优势的重要性，2021年12月31日，我国马德里商标国际注册业务已全面实现电子化，为人工智能企业推进商标国际布局和国际注册提供了极大便利。此外，根

据企业自身需求，也可以聘请国外本土商标代理机构，完成商标国外注册。

（二）人工智能领域商标使用规范

1.积极完成商标使用行为，避免商标因不使用被撤销

商标的本质在于识别商品或服务的来源，商标经济价值的实现，依托于商标实际被用于的商品或服务，其效果是消费者能够通过商标识别特定的商品或服务提供者。若商标注册之后从未使用，将失去其识别商品或服务来源的功能，商标权人亦无从利用商标建立起自己的商誉。我国《商标法》第49条第2款规定，注册商标成为其核定使用的商品的通用名称或者没有正当理由连续3年不使用的，任何单位或者个人可以向商标局申请撤销该注册商标。在既往商标申请和诉讼实践中，相关市场主体一般以此为由申请撤销他人在先商标。

作为新兴行业，人工智能领域相关商品和服务出现了有别于传统产业的新特点。人工智能领域涌现出越来越多以无形形式和通过网络迅速传播的商品或服务，这使得人工智能领域对商标的使用方法与规则，开始与传统商标实践出现偏差。同时，鉴于人工智能领域相关技术产品开发周期的不确定性，商品或服务可能滞后于商标申请。

根据《商标法》第48条规定，对商标的“使用”方式既包括将商标用于商品、商品包装或者容器以及商品交易文书上，又包括将商标用于广告宣传、展览以及其他商业活动中。同时应当注意，为了维持商标注册而需要进行的“使用”，与构成商标侵权的“使用”，既有相同之处也存在一定区别。[①]维持商标注册所需要的“使用”必须能够在商业活动中

---

① 王迁：《知识产权法教程》，中国人民大学出版社2021年版，第600页。

发挥识别来源的作用，使该商标成为创设或维持相关商品或服务市场份额的手段。维持商标注册所需的“使用”也应当是真实的、善意的和具有一定商业规模的使用。单纯的内部使用，未能使商标在市场上发挥识别商品或服务来源的作用，不属于维持商标注册所要求的使用；仅仅为了应付使用的义务而进行的象征性使用不能满足法律的要求。在现实生活中，包括人工智能企业在内的市场主体常常存在通过网络、电视途径投放低成本广告，而不销售或以成本价销售给员工等象征性使用的情况，这些行为均面临着难以被认定为使用行为的风险。因此，人工智能领域相关企业应当在加快相关产业技术研发、落实企业商标布局的同时，加强针对商标使用情况的追踪与管理，留存商标使用和销售证据，积极发挥商标在企业经营活动中的促进作用和识别商品或服务来源的作用。

2.规范商标使用行为，及时规避商标限制性风险

当一个标志对某一类商品具有显著性并被注册为此类商品的商标后，若经过使用逐渐成为此类商品的通用名称，就会丧失识别来源的功能，即发生显著性的退化或商标淡化。我国《商标法》第49条第2款就商标限制性退化的可撤销风险作出了规定，根据该条规定，当注册商标成为其核定使用的商品的通用名称时，任何单位或者个人可以向商标局申请撤销该注册商标。

为了避免注册商标显著性退化导致商标被撤销，一些注册商标权人尽力向公众宣传自己的注册商标并不是某种商品的通用名称，比较经典的实操案例有JEEP和FREON等。“U盘”商标退化为计算机存储器通用名称更是为人工智能产业相关企业敲响了警钟。U盘的最早称呼源于朗科公司生产的一种名为“优盘”的新型存储设备，使用USB接口进行连接，谐音为“U盘”或形象地称之为“闪存”“闪盘”等。后U盘这个称

呼因其简单易记而广为人知，直到现在已退化为通用名称。因人工智能领域更新迭代速度较快，当具有较高创新性和实用性的新技术、新产品、新服务投入市场时，较容易迅速抢占市场份额或被相关消费者广泛知晓。鉴于人工智能领域相关技术术语的复杂性，人们往往会习惯使用商标称呼某类新产品。当越来越多的消费者或企业经营者以该商标指代该类商品时，极有可能引发商标显著性退化的后果。因此，相关企业需明确界定和区分商标与商品名称，规范企业自身宣传行为，当在市场上发现将本公司商标与商品名称混用的情形，甚至行业竞争者出于傍名牌、搭便车的意图，故意将本企业知名商标作为商品通用名称来使用时，应当积极采取相关措施，维护企业商标显著性。

3.构建商标市场监测体系，应对潜在商标侵权风险

在笔者团队处理的某知名智能驾驶汽车企业商标案件中，该智能驾驶汽车企业在商标布局过程中，其核心商标不仅在国内因构成近似商标而被驳回，而且在美国等海外主要国家被抢注和驳回。根据该企业公开的商标信息及使用情况来看，该核心商标价值极大，理应属于商标布局中的一级重点商标。从此案例可以看出，人工智能企业应当积极构建商标市场监测体系，完善商标侵权监测预警，及时了解掌握可能出现的侵权信息，应对潜在的商标侵权风险。当发现涉嫌侵权商标已提交的商标申请正在公告时，企业应及时提起商标异议，避免商标核准注册流入市场；针对已完成注册商标及时提起无效宣告，避免企业损失的进一步扩大。同时利用工商投诉与举报、商标权侵权纠纷诉讼等多元化纠纷解决途径，积极维护合法权益。同时，人工智能企业应当强化自身商标信息管理，整理和保存包括许可合同、广告推广合同、宣传物料制作印刷合同等证明商标使用和知名度的材料。对商标价值进行评估，及时更新商

标注册信息，按时缴纳年费，维护商标权利体系文档。

商标是企业向消费者展示的一张名片，也是企业巩固自己在市场上地位的重要砝码。商标注册紧密关联着人工智能企业品牌运营和产业发展，科学高效地推进商标注册，实现商标布局策略，在人工智能企业市场拓展和品牌影响中都将发挥着越来越重要的价值和作用。在充分研判人工智能产业发展重点方向，明晰人工智能领域业务范围的同时，相关企业应当结合自身发展需求，制定明确的商标注册规划，兼顾商标注册稳定性和灵活性，注重规避商标抢注，积极完成商标规范使用，及时规避商标限制性风险，构建起企业内部的商标市场监测体系和合规制度，应对潜在的商标侵权风险。

第四节　人工智能领域的商业秘密保护

一、人工智能领域的商业秘密保护特点

商业秘密是最具竞争力的无形财富之一，它在与人工智能产业相交集的过程里，已悄然成为芸芸创新主体的“安身立命之本”。《最高人民法院关于人民法院知识产权审判工作情况的报告》指出，要“健全大数据、人工智能、基因技术等新领域新业态知识产权司法保护规则。研究完善算法、商业秘密、人工智能产出物、开源知识产权司法保护规则”。与此同时，我国陆续在商业秘密有关司法解释中细化商业秘密保护客体、明确保密义务、规范侵权判断、落实民事责任、统一裁判标准、加大侵权违法成本，在发展过程中逐渐适应人工智能产业对芯片、算法、数据

和其他相关技术保护的要求，努力维护公平竞争。

然而，值得注意的是，新兴的人工智能产业因其领域自身的特点，在现有法律规范下，法律适用过程中往往存在难度和争议，但也形成了关于其保护和规制的鲜明特点。一方面，商业秘密的不公开特性，降低了人工智能权利保护起点，扩展了人工智能的权利范围，提供了在著作权、专利权之外的又一具有可操作性的保护路径。另一方面，由于商业秘密的不公开性，导致缺少足够的权利外观，权利人很难有效划定权利边界，为管理中保密措施的实施增加了困难，也为维权中商业秘密证明增加了难度。以下试图分析这些特点，以探求人工智能领域内的权利权益保护路径的辨析与选择。

二、人工智能商业秘密保护优势与风险

（一）人工智能商业秘密以不公开方式予以保护，丰富了权利保护路径

人工智能商业秘密的保护以信息的未公开披露为条件，在特定情况下可作为人工智能领域的临时保护措施，丰富了该领域内相关权利保护路径。依据《最高人民法院关于审理侵犯商业秘密民事案件适用法律若干问题的规定》第3条，权利人请求保护的信息在被诉侵权行为发生时不为所属领域的相关人员普遍知悉和容易获得，这是对构成商业秘密“秘密性”要件的要求。结合对人工智能企业就技术保护阶段和保护需求的研判，企业可以考虑选取或阶段性选取商业秘密作为相关技术保护路径。以算法技术、芯片制造技术等特定的人工智能产业为例，有些企业基于相关考量选择以“技术秘密”路径予以保护；还有些企

业在就相关技术申请专利并依程序将专利文献公开前，可能阶段性地采取商业秘密保护模式，一方面填补专利授权申请程序耗时长的劣势，满足“新颖性”审核要求，另一方面也为企业技术保护路径的选择留有回旋余地。

（二）人工智能商业秘密保护可能与相关监管要求相冲突

随着我国立法机关和行政执法部门对人工智能领域理论认识的深化和实践经验的积累，以一系列人工智能产业规划、行政条例发布为契机，我国正逐渐完善人工智能领域监管体系，努力加强对人工智能技术发展的预测、研判和跟踪研究，强化前瞻预防和约束引导，建立健全了公开透明的人工智能监管体系，实现对人工智能算法设计、产品开发和成果应用等的全流程监管，力求确保人工智能发展规制在安全可控范围内。这种监管模式强调了人工智能产业的社会公共属性，它们往往需要通过公开相关技术或数据才可以实现——而这些可能涉及核心竞争力的技术、算法、数据，在产业中往往会被相关企业以商业秘密形式予以保护。

以算法为例，算法是智能社会的基础设施，提高算法透明度，防止算法权力恣意，能够有效维护智能时代的民主自由价值。[①]但随着算法技术在越来越多社会生活人工智能场景中的应用，算法黑箱、算法偏见、算法杀熟、算法共谋等技术风险和社会问题也逐渐显现。为了有效规避上述负面影响，算法透明越发得到相关从业者和市场监管部门的重视。国务院发布的《新一代人工智能发展规划》指出，“鼓励和引导企业建设

① 李安：《算法透明与商业秘密的冲突及协调》，载《电子知识产权》2021年第4期。

工厂大数据系统、网络化分布式生产设施等，实现生产设备网络化、生产数据可视化、生产过程透明化、生产现场无人化，提升工厂运营管理智能化水平”。国家新一代人工智能治理专业委员会发布的《新一代人工智能伦理规范》中指出，“增强安全透明。在算法设计、实现、应用等环节，提升透明性、可解释性、可理解性、可靠性、可控性，增强人工智能系统的韧性、自适应性和抗干扰能力，逐步实现可验证、可审核、可监督、可追溯、可预测、可信赖”。而算法等人工智能技术的商业秘密保护，禁止他人未经授权披露、获取、使用相关信息。算法主体据此拒绝披露算法信息，为获得商业秘密保护，相关企业往往会强化算法信息的保密力度。有学者因此指出，当下许多应用领域的算法不透明程度是不合理的，是松散或滞后规则的产物，往往隐藏着对消费者的操纵或歧视。若公司愿意公开其所使用算法的设计，则可以通过阅读代码来确定对消费者操纵或监管违规的问题。[①]

（三）人工智能领域与商业秘密可保护范围并不重合

当人工智能相关企业选择以商业秘密的形式对技术、数据予以保护时，由于人工智能产业与商业秘密之间差异化的价值选择，可能伴随潜在的保护需求与保护范围差异风险。对人工智能产业发展具有重要意义和作用的部分，未必会落入商业秘密的保护范围。随着我国行政执法部门或司法部门依据相关法律法规和司法解释对商业秘密的界定越发严格，在实际操作中，针对所实施保密措施的技术信息或商业信息是否构成商

---

① Jenna Burrell，“How the Machine ‘Thinks’：Understanding Opacity in Machine Learning Algorithms”，Big Data & Society，January–June，2016：3–4.

业秘密，相关企业的证明难度或越来越大。

根据《最高人民法院关于审理侵犯商业秘密民事案件适用法律若干问题的规定》第1条规定，商业秘密包括“与技术有关的结构、原料、组分、配方、材料、样品、样式、植物新品种繁殖材料、工艺、方法或其步骤、算法、数据、计算机程序及其有关文档等信息”以及“与经营活动有关的创意、管理、销售、财务、计划、样本、招投标材料、客户信息、数据等信息”等。该条规定承认了与人工智能技术息息相关的算法、数据、计算机程序的商业秘密属性。但同时不可否认，人工智能学习、处理以及最终表示的信息所包括的公众常识、直觉和事实，人类专家的专业知识、技能和经验，以及使用者输入的数据等很多内容，在应用人工智能分析和处理之前是公开甚至众所周知的，不能因为经过人工智能的机器转换就变成秘密信息。对于这些原本公开的信息而言，人工智能商业秘密保护的是信息处理的过程而非信息的不同形式，但是要从专家系统、神经网络和机器人等人工智能系统中区分出原始形态上的秘密与公开的信息却并不容易。即便能够成功区分，在人类专家与人工智能设计者或者人工智能使用者与设计者之间也还存在着商业秘密权属的争议。①

针对软件源代码，是否在整体上或者哪些部分构成商业秘密保护的客体，在实践中也存在一定的辨识困难。尤其在开源软件基础上进行的算法、程序和软件开发，应当具体分析开源许可协议的内容、软件不同部分之前是否会受到“传染性”规则影响、通过商业秘密路径进行保护是否违反开源许可协议进而丧失权利基础等。

① 李宗辉：《论人工智能的商业秘密保护》，载《中国发明与专利》2019年第2期。

（四）人工智能商业秘密保护模式具有较强可操作性

1.商业秘密保护的起点往往低于著作权或专利权保护

相关企业所主张属于商业秘密的信息达到不是公众所普遍知悉的程度时，即可认定为符合“秘密性”构成要件的要求，无须再满足创造性、独创性要求。商业秘密获得保护亦不需要经过复杂的授权程序或登记程序。

2.人工智能商业秘密保护的客体范围宽于著作权或专利权保护

人工智能商业秘密保护的客体，除了完整的算法、数据、计算机程序之外，还可以包括所有未公开的“软件构件”，即具有一定的功能和结构、符合一定的标准并可以完成一个或多个特定任务的软件系统的构成元素，如需求、需求规约、设计、源代码、测试计划和测试案例等。[①]人工智能版权保护的客体受《著作权法》“思想表达二分法”限制，被限定在已经以代码、符号、界面、模型和文字等方式呈现的“表达”，若算法、结构和功能被认定为“思想”属性，则难以通过著作权法予以保护。人工智能专利保护的客体也不能是单纯的“算法”，而必须是具有技术特征的算法应用方案。

3.人工智能商业秘密保护期限长于著作权或专利权保护

从权利保护期限来看，人工智能商业秘密的保护理论上具有永久性，

---

① 胡水晶、方义涛：《软件构件的知识产权保护研究》，载《电子知识产权》2009年第11期。

在技术先发优势较大且保密措施比较成功的情况下，实际获得保护的期限也会很长，比著作权或专利权的固定期限保护对权利人更有利。

三、人工智能领域商业秘密保护建议

（一）灵活选取法律保护路径

人工智能企业充分明晰商业秘密与著作权、专利权保护模式的利弊，结合相关技术研发阶段、保护需求，灵活选取著作权、专利权或商业秘密予以保护。在明确商业秘密范围、保密期限、人员知悉范围等工作的基础上，形成商业秘密目录清单，切实做好商业秘密的标密工作，保证涉及商业秘密的信息能够准确完整地标示在相关文件资料上。

（二）实现商业秘密全周期全过程管理

人工智能企业应当健全人工智能企业商业秘密保护体系，认真做好商业秘密制度的“废改立”工作，建立完善的保密管理制度，为商业秘密实现全周期、全过程管理提供遵循。

1.加强保密教育，签订并落实保密协议制度，共同做好商业秘密保护工作。

2.依托法律服务团队，加强涉密人员管理。把岗前审查、上岗培训、离岗脱密管理各个环节的工作抓到位。在劳动合同签订过程中添加保密条款，对于核心涉密人员，要与之签订竞业限制协议书，支付竞业限制经济补偿，防止核心涉密人员在竞业限制期内从事与企业有竞争关系的业务。

3.强化商业秘密保护相关问题检查。保密部门组织人员定期或不定期地深入部门和单位检查保密制度落实情况，特别是保密宣传教育、定密工作、涉密人员管理、信息公开、涉密载体保管使用等，及时发现问题，堵塞漏洞。从严考核，把商业秘密管理作为企业管理的重要内容，与经济考核、绩效考核挂钩。

4.搭建人工智能企业商业秘密安全保护平台。跟踪商业秘密流转，加强信息化建设，在线上对商业秘密资料的复制、下载、访问等实行管控，实现人工智能领域商业秘密文件从形成、存储、应用、脱密全生命周期的安全保护，形成“进不来、拿不走、打不开、赖不掉”的管理机制。《最高人民法院关于审理侵犯商业秘密民事案件适用法律若干问题的规定》第6条第3项和第4项列举了包括“对涉密的厂房、车间等生产经营场所限制来访者或者进行区分管理”“以标记、分类、隔离、加密、封存、限制能够接触或者获取的人员范围”等物理隔离的保密措施。在实践中，通过对存放商业秘密载体的区域和空间进行单独施划，对存放商业秘密载体的房间上锁、悬挂警示牌、贴警示标语等，都是有效的保密措施。

第三章　人工智能领域的知识产权纠纷应对

第一节　人工智能领域的计算机软件著作权侵权纠纷

侵害计算机软件著作权案件目前在实务中属于比较复杂的案件，其证明难度高、举证责任大、诉讼时间长、败诉风险高的特点，曾让众多软件权利人在维权道路上望而却步，而且因为计算机软件涉及技术、程序、服务器、源代码等多维因素，所以对办理侵犯计算机软件著作权案件的代理律师和法官也有较高的要求。

侵犯计算机软件著作权案件不同于普通的著作权案件，其侵权行为往往具有高度的隐秘性。权利人通常是根据员工离职后入职新单位的时间，以及新单位在短时间内开发出与权利软件功能相似的软件为由，怀疑员工泄露了权利人单位的源代码。但是被诉侵权软件的源代码通常不会公开，导致权利人无法在起诉前核实被诉侵权软件的源代码是否与权利软件相同或者实质性相似，而需要通过法院审理判断，因此侵害计算机软件著作权案件最终是否能被认定侵权就充满了不确定性，这也是该类型案件诉讼风险较高的主要原因。

侵害计算机软件著作权案件的侵权判断标准仍需限定在“接触+实质性相似”的基准内，其中实质性相似的判断是重中之重。而关于实质性相似的认定，司法实践也经历了长期的探索实践，从最初的相似度比例认定，通过举证责任倒置等制度的配合，逐渐过渡到不合理相似确定侵权，从而给予权利人更全面的保护。

一、计算机软件著作权的侵权判断

虽然我国《著作权法》和其他法律规定并未对侵犯著作权的判断标准作出明文规定，但“侵权=接触+实质性相似”是被普遍接受并在司法实务中执行的规则，属于一般著作权侵权认定的通用标准。该规则要求侵权行为人具备接触作品的可能性，且被诉侵权作品与权利作品具备实质性相似，只有同时满足这两个条件才能构成侵犯著作权。该规则最早源于美国司法实践，我国对此加以借鉴并予以发展，在我国的法律制度中也可窥见可印证该规则的相关规定。

《最高人民法院关于审理著作权民事纠纷案件适用法律若干问题的解释》第15条规定，由不同作者就同一题材创作的作品，作品的表达系独立完成并且有创作性的，应当认定作者各自享有独立著作权。也就是说，如果不同作者并未接触过在先作品，而是自己独立创作完成的作品，即使两者相同，也不会被认定为侵权，而是由不同作者各自享有独立著作权。

2021年北京市高级人民法院发布的《北京市高级人民法院知识产权民事诉讼证据规则指引》第3.1条规定：“审理侵害著作权的案件，应围绕以下事实审查原告提供的相应证据：（一）原告是否对涉案作品享有著作权；（二）被诉侵权作品与权利作品是否相同或者实质性相似；（三）被告是否具有接触权利作品的可能，或者被诉侵权作品与权利作品是否存在相同的错误、瑕疵、暗记等独特部分，或者被诉侵权作品与权利作品是否完全相同或高度相似足以排除创作巧合。”

由此可见，我国司法实践在审理著作权侵权案件时，已经将“接触+实质性相似”标准融入了证据规则中。

二、“接触可能性”标准在计算机软件著作权侵权案件中的认定

一般而言，在侵害计算机软件著作权的案件中，原告会从以下方面来证明被告具有接触权利软件的可能性。

其一，主张涉案员工曾在原告处任职，并且担任重要岗位，该岗位的工作内容与涉案的源代码材料具有一定的关联度，该涉案员工具有接触权利软件的可能性。

其二，该涉案员工在原告处任职的时间与权利软件开发的时间是否吻合，权利软件开发记录是否能显示该涉案员工的开发过程和代码提交记录。

其三，该涉案员工离职后在被告处就职，并担任相同或者近似的职务和岗位。

另外，通过鉴定，如果被告的被诉侵权软件中含有原告软件内特有的字符（如企业名称的缩写、员工名称、具有独特性的连续字符等），且被告不能对出现同样字符作出合理解释，则可以进一步证明被告开发者存在接触原告权利软件源代码的可能性。

三、“实质性相似”标准在计算机软件著作权侵权案件中的认定

在计算机软件侵权案件中，关于实质性相似认定标准，司法实践中

经历过几个阶段的探索过程，并且在不断提高认识水平和审理水平，但整体上是逐步朝着有利于保护权利人的方向发展。

（一）相似度比例

初期阶段，对于计算机软件著作权侵权案件的认识与其他著作权案件一样，只有证明涉嫌侵权作品与受著作权保护的作品构成实质相似，才能认定构成侵权。而证明侵权作品与权利作品构成实质相似的举证责任在于原告，因此理应由原告承担举证责任，并且承担举证不利的后果。

根据《计算机软件保护条例》的规定，计算机软件，是指计算机程序及其有关文档。计算机程序，是指为了得到某种结果而可以由计算机等具有信息处理能力的装置执行的代码化指令序列，或者可以被自动转换成代码化指令序列的符号化指令序列或者符号化语句序列。同一计算机程序的源程序和目标程序为同一作品。据此可以认为，计算机软件的内容主要是源代码及其相关文档，而目标程序是源代码形成源程序编译后的程序。由于不同的源代码可以编译出相同的目标程序，因此在司法实践初期，很多案件中即使举证证明目标程序一致，法院还是会认定不足以证明源代码一致，进而认为证据不足，不能认定存在侵权事实。同时，由于软件运行界面与权利人主张保护的源程序及其相关文档属于不同内容，不同的源代码也可能具有相同的运行界面，在无法获得被诉侵权软件源代码的情况下，即使权利人主张被诉侵权软件运行界面与权利软件一致，法院也会以证据不足驳回原告的诉讼请求。

因此，早期的计算机软件著作权侵权案件被认为是办理难度最大的案件类型之一，权利人需要进行大量的取证工作以便获得证明双方源代码实质性相似的证据，而被诉软件源代码一般又是被诉侵权人重点保护的商业秘密，要获得此项证据对于权利人来说无疑是难上加难。

（二）举证责任倒置

由于被诉侵权软件的源代码一般由被告控制，原告很难获得，因此此类案件对于原告的举证责任要求太高，维权难度极高。但是近几年来，民事诉讼制度以及反不正当竞争法的变革扩大了举证责任倒置适用的场景，避免了权利人因为举证难而陷入维权困境。这也使得计算机软件侵权案件的审理思路有了一定转变，通过举证责任倒置减轻了权利人举证的难度。

根据《最高人民法院关于民事诉讼证据的若干规定》第95条规定，一方当事人控制证据无正当理由拒不提交，对待证事实负有举证责任的当事人主张该证据的内容不利于控制人的，人民法院可以认定该主张成立。据此，在计算机软件侵权案件中，在被告拒不提交被诉侵权软件的源代码时，法院将根据现有证据来认定事实情况。

例如，在北京知识产权法院审理的B公司与X科技有限公司等著作权权属纠纷案件中，法院提出："在被告拒不提交被诉侵权的计算机软件源代码时，推定原、被告的软件构成实质性相似通常应满足一定的前提条件，即原告能够举证证明二者目标代码相同或者相近似，或被诉侵权的计算机软件目标代码存在原告主张权利的计算机软件特有内容，或者在软件结果（包括软件界面、运行参数、数据库结构）等方面相同或者实质性相似。"在这个案件中，双方构成实质性相似的函数部分在整个软件中的占比不高，但是仍然达到471个，涉及软件基础功能，属于软件不可缺少的组成部分，被告未能给出充足、合理的解释，因此法院最终认定双方软件部分构成实质性相似。①

（三）不合理的相似标准

除了软件相似度比例之外，不合理的相似之处也是法院认定实质性相似的考量因素。在X软件系统有限公司与Z科技有限公司侵害计算机软件著作权纠纷案中，一审法院北京知识产权法院在分析被诉侵权软件是否与权利软件构成实质性相似时提到两者存在25处不合理相似之处。例如，软件的进程、工具命名等应自主命名的地方，两者出现多处相同命名；被诉侵权软件中大量出现权利软件的曾用名，可见被诉侵权软件与权利软件的渊源关系；被诉侵权软件中出现了与权利软件中相同的错误、冗余内容；被诉侵权软件的核心程序结构与权利软件相似度极高；双方当事人主张的开发时间明显不同，但是被告的软件开发时间与权利软件中的开发时间一致。被告未能提供其他合理抗辩理由，同时拒不提供被诉侵权软件的源代码，因此法院最终认为被诉侵权软件与权利软件构成实质性相似。②二审过程中，最高人民法院再一次强调，在被告拒不提供源代码的情况下，原审法院对目标程序和界面进行相似性对比并无不当，而且源代码比对并非判断被诉侵权软件是否侵害权利软件著作权的必备条件和必须环节。如果权利人已经举证证明被诉侵权软件存在与权利软件相同的自主命名信息、设计缺陷、冗余设计等特有信息，可以认为权利人完成了初步举证责任，此时举证责任转移至被诉侵权人，应由其提

---

① 北京知识产权法院（2017）京73民初1249号民事判决书，载中国裁判文书网，最后访问时间：2022年10月20日。

② 北京知识产权法院（2018）京73民初661号民事判决书，载中国裁判文书网，最后访问时间：2022年10月20日。

供相反证据以证明未实施侵权行为。[①]

可见，目前司法实践对于计算机软件侵权案件中实质性相似的判断已经从原先僵化的源代码相似度判断标准转化为合理性判断标准，如权利人已经初步举证证明被诉侵权软件存在不合理相似之处即完成了举证责任，由被诉侵权人来举证证明未实施侵权行为。

综上可以看出，人工智能领域计算机软件侵权案件仍然是以“接触+实质性相似”作为侵权判断标准，但是在司法实践中，关于实质性相似的认定有了很大的进步，由原先的比例标准逐渐向初步举证存在不合理相似之处则转移举证责任的方向过渡，这种方式极大地减轻了权利人的举证难度和举证责任，转而由实际掌握证据的被诉侵权人自证未实施侵权行为。如果被诉侵权人无正当理由拒不举证，则需要承担举证不利的后果，法院将倾向于认定权利人主张的事实为真。

关于相似度比例问题，上海地区法院已经出现多个案例支持小比例相似也可认定侵权成立，这与过去侵权认定案件中相似度比例高达70%—80%的情况有了极大的突破，各地司法实践对于实质性相似标准的认定仍有较大的调整空间。

第二节　人工智能领域的专利侵权纠纷

随着人工智能产业的发展，我国人工智能相关专利的数量也随之快

① 最高人民法院（2021）最高法知民终1269号民事判决书，载中国裁判文书网，最后访问时间：2022年11月14日。

速增长，据调查，2021年我国人工智能相关专利申请数量达19945项，同比增长20.6%。[①]在专利申请量上升的同时，人工智能专利纠纷也频频出现，而且由于人工智能产业一般与机器学习、自然语言处理、知识图谱和计算机视觉等技术相关，此类专利纠纷案件往往具有侵权行为隐秘性强、取证难度大的特点，而如何取证则是专利侵权案件的难点及痛点。以下根据人工智能领域专利纠纷案件司法实践的情况以及笔者实务办理的经验，对该领域的专利纠纷及取证方法进行梳理，以期提供一些取证思路和技巧。

一、人工智能领域的专利纠纷案件所需的证据

一般的专利纠纷案件可分为专利民事侵权案件、专利行政案件和专利刑事案件，以下主要结合专利民事侵权案件、专利行政案件解读案件办理时所需的证据。在提起专利民事侵权案件时，原告一般需要提供三类证据：权利基础证据、侵权行为证据以及与赔偿金额有关的证据。权利基础证据是指证明原告是涉案专利权利人或者利害关系人的证据，如专利权证书、专利权存续证明、专利年费缴纳证明、专利权许可合同，涉及外观设计或者实用新型的，还应当准备专利评价报告。侵权行为证据是指证明被告实施了使用、销售、许诺销售、制造等具体侵权行为的证据，如销售合同、官网宣传、厂房实地照片、侵权产品实物、使用侵权产品的公证书等。一般人工智能领域的案件，其涉及技术应用范围可能非常广泛，如一项语音识别技术，可应用的产品就包括语音输入法、

① 莫能沛:《2021年中国人工智能行业发展现状分析，可信人工智能成为行业发展重点》，载华经情报网，https://www.huaon.com/channel/trend/817218.html，最后访问时间：2022年10月21日。

电销机器人、家居声控、语音导航等，如果涉及该项人工智能技术侵害他人专利，其影响的范围可能包括各行各业，而不只是单个行业。与赔偿金额有关的证据是指证明被告侵权获利或者原告因侵权行为实际受损情况的证据，如果难以确定的，可按照该专利许可使用费的倍数合理确定。另外，也可提供被告多次侵权、与原告具有特定联系明知是原告专利仍侵权、对原告造成严重损害的相关证据，以此来证明被告侵权的恶意性。

上述三类证据，最关键的是侵权行为证据和被告侵权获利的证据，侵权行为证据中最重要的是技术特征的比对，只有被告的被诉技术方案落入原告的专利权利要求范围，侵权行为才能够成立。而被告侵权获利情况代表原告能够获得赔偿的金额，一般可参考被告销售渠道数量、销售金额、销售时间、销售范围进行估算。当然也有根据被告自认金额进行计算的，因为企业在经营过程中发布年度总结时可能会提到公司发展情况、营业额、销售情况等，如果披露了相关数据，则可直接作为侵权获利的证据。如果被告在公开渠道没有披露，则可以通过匿名购买产品的方式与被告的员工进行接洽，询问产品的销售情况，一般销售人员为获得商业交易机会可能会披露有关产品销售以及客户规模的情况或者数据。

二、人工智能专利侵权纠纷及取证方法

笔者团队曾代理了一个人工智能领域的专利侵权纠纷案件，2020年，G公司就其名下的一件发明专利，“基于语音识别实现自主拨号，智能对话以及信息分析的方法”ZL2017107928××.×专利起诉B公司专利侵权，后于2021年6月撤诉，同时再次提起诉讼。涉案专利涉及的技术是一款

人工智能领域将语音识别、智能对话应用于电话机器人的方法，在当前很多电话销售的场景均有应用。B公司是杭州一家人工智能企业，主营产品就是AI数字员工解决方案，利用AI为客户提供数字化劳动力。同时，其旗下的电销机器人产品也是行业内市场占有率较高的产品，并且也具备智能对话的产品功能。

2022年，南京中级人民法院对本案进行审理，原告G公司为证明侵权事实成立，提供了被告B公司销售、许诺销售、生产被诉侵权产品行为的证据。关于技术比对，原告提供了使用被告产品过程的公证记录，将落入原告专利权利技术特征的步骤与专利权利要求的技术特征相对应。

在人工智能领域的专利侵权案件取证过程中，专利权利的技术特征往往较为复杂，而且并不能体现在外部可见的功能或者操作步骤上，能否认定侵权成立存在较大的不确定性。因此在这一类案件中，对于原告来说，要获取被告技术方案落入专利权利要求范围内的难度很大。这是因为，原告通常无法获知被告的技术方案的具体内容，被告一般会采用商业秘密的方式保护自身的技术方案。但是，如果原告有初步的证据可以证明被告有侵权成立的可能性，其可以申请法院进行证据保全或者行为保全，或者申请法院进行调查取证，由被告主动提供其技术方案，用以比对是否构成侵权。

根据相关法律规定，在原告已经尽其所能举证的情况下，如果相关证据由被告控制，而被告无正当理由拒不提供的，则法院可认定原告主张的不利于被告的事实成立。因此，对于原告来说，即使在诉前无法取得充足的证据证明被告的技术方案落入专利权利要求范围，也可以在诉讼过程中要求被告提供其技术方案不落入专利权利要求范围的证据，以便查清事实。对于被告来说，如果已有证据证明自己的技术方案未落入原告专利权利要求范围，则可以主张无须对比其他技术特征，避免自身技术方案由于诉讼存在泄密的风险。但是，如果初步证据证明被告的部分技术方案与原告专利部分的技术特征一致，而此时需要被告举证证明其不可见的技术方案未落入原告专利其他的技术特征，那么原告是否有权知晓被告技术方案的具体内容？一方面，如果被告的技术方案不能完全向原告披露，则原告无法质证判断被告的技术方案是否落入原告的权利要求保护范围。另一方面，如果被告的技术方案向原告披露，而结果确实证明被告的技术方案与原告不同，甚至可能优于原告，原告实际上是通过提起诉讼的优势获悉了被告更优的技术方案，且并未付出任何代价（因为原告随时可以撤诉以避免败诉的风险）。虽然实务当中，法院一般会让知悉保密信息的在场人员通过签署保密承诺函的方式来保护被告的保密信息，但是原被告毕竟是竞争对手，涉案的保密信息又是被告产品极为核心的技术方案，很难完全保证原告不存在泄露被告技术方案的可能。因此，在可能的情况下，被告应当尽可能通过可见的功能或者操作步骤来反驳未落入原告的专利权利要求范围。

在前述笔者团队代理案件的审理过程中，被告向国家知识产权局对涉案专利提出专利无效宣告申请，2022年7月24日，国家知识产权局作出无效宣告请求审查决定，宣告涉案专利权全部无效，原告也随即撤回了专利侵权案件的起诉。

三、人工智能专利行政纠纷及取证方法

上海Z公司与A公司因一款人工智能专利侵权案件已经对峙数年。2012年Z公司对A公司在上海第一中级人民法院提起专利侵权诉讼，后A公司对涉案专利提起专利无效，2013年9月3日，国家知识产权局专利复审委员会作出决定，维持Z公司上述专利权有效。A公司不服专利复审委

员会的决定，以国家知识产权局专利复审委员会为被告，向北京市第一中级人民法院提起行政诉讼。一审法院认定专利维持，二审法院认定专利无效，侵权案件遂先行裁定驳回。后Z公司又提起再审，最终，经历长达8年的行政诉讼，最高人民法院认定专利有效。2020年，Z公司对A公司发起第二轮侵权诉讼，索赔金额暂计100亿元，该案的诉讼费高达5000万元，这是中国境内少有的高标的专利侵权诉讼，一旦胜诉，将成为中国司法实践上的又一个新的里程碑。2022年8月18日，上海高级人民法院第三次开庭审理Z公司与A公司之间的专利侵权案，Z公司方面称，“涉案专利是Z公司的核心专利，是中国计算机人工智能领域基础专利之一。中国移动、中国电信、QQ、微博等提供的各类智能聊天功能背后均有Z公司在提供技术支撑”。

在A公司申请宣告Z公司专利无效时，A公司的主要理由是：（1）专利说明书公开不充分；（2）部分权利要求的技术特征不清楚；（3）部分权利要求缺少实现某一技术问题的必要技术特征；（4）专利有关权利要求得不到说明书的支持；（5）专利权利要求不具有新颖性、创造性。同时，A公司提交了4份证据，其中证据1—3是在先技术的专利文件，第4份证据是国家知识产权局专利检索咨询中心出具的检索报告。专利复审委员会在认定证据时认为，A公司提供证据1—3可以作为评价本专利权利要求是否符合专利法有关新颖性、创造性规定的现有技术使用。

可以看出，在专利无效案件中，申请人提供的证据主要是在先技术，用以对比涉案专利的权利要求是否具有新颖性、创造性。这类案件的取证主要通过分析涉案专利权利要求的技术特征，通过专利检索找到相同或者相似的在先技术，对在先技术的技术特征进行分解和组合，以此证明涉案专利不具有新颖性或者创造性。

综上所述，人工智能领域的专利纠纷既具有一般专利案件的共性，也具有其特殊性，其共性在于，专利侵权案件往往与专利无效案件紧密联系，一般被告在遭遇专利侵权诉讼时会提起专利无效宣告申请，而无效宣告审查决定的结果也决定着专利侵权案件的走向。其特殊性在于，人工智能领域的专利侵权取证难度相较于一般的专利案件更加困难，其涉及的技术复杂性决定了原告一般无法在诉讼前了解被告技术方案的全部内容，而必须得到法院协助或者被告的配合才能进行技术特征的比对；而被告在此类案件中也需要重点注意保护自身的技术方案，既要避免举证责任倒置导致自身承担举证不利的后果，又要防止原告通过恶意诉讼专利侵权案件知悉自身的商业秘密。

人工智能技术融入人类生活已是大势所趋，而且该技术对于各国来说都是新兴产业，因此我国更应当重视人工智能技术的发展和保护，通过举证责任倒置的程序规定，考虑证据开示制度的合理性和必要性，为权利人维权提供有效的救济途径。

第三节 人工智能领域的商业秘密纠纷案例

一、商业秘密保护的背景信息

目前，针对商业秘密保护需求，我国形成了以《中华人民共和国反不正当竞争法》(以下简称《反不正当竞争法》)、《最高人民法院关于适用〈中华人民共和国反不正当竞争法〉若干问题的解释》和《最高人民法院关于审理侵犯商业秘密民事案件适用法律若干问题的规定》为主的法律体系，同时在《全国商业秘密保护创新试点工作方案》《中央企业商业秘密保护暂行规定》等部门文件中，确认了商业秘密保护的重要意义，为人工智能领域商业秘密的保护提供了遵循。在浙江省市场监督管理局《商业秘密保护工作指引》等地方文件中，更强调了应当重点试点和帮扶本区域内在新兴产业、高科技产业或区域重点集聚产业中，经营规模或技术实力具有领先地位，商业秘密保护工作成效较为突出的企业。人工智能领域相关企业以日渐成熟的法律法规为依托，商业秘密保护呈现更加清晰和明确的政策优势。

在近年来相关纠纷案例中，司法机关对人工智能领域商业秘密的构成、接触可能性的认定、实质性相同的判断和合法来源抗辩的分析，进行了积极探索。我国虽非判例法国家，但通过研读典型案例，仍有助于企业明晰当下人工智能领域商业秘密纠纷案件裁判要点，高度重视相关问题的认定和举证难度，督促相关企业及时完善商业秘密保护机制，规避泄密和合规风险。

二、人工智能领域的商业秘密纠纷及其核心问题

（一）人工智能领域“商业秘密”的构成认定

在人工智能领域的商业秘密纠纷案件中，明确涉案技术信息或经营信息的“商业秘密”属性，是进行相关权利归属和侵权行为认定的基础。《反不正当竞争法》第9条第4款规定，商业秘密是指不为公众所知悉、具有商业价值并经权利人采取相应保密措施的技术信息、经营信息等商业信息。在《最高人民法院关于审理侵犯商业秘密民事案件适用法律若干问题的规定》中，最高人民法院对商业秘密的具体类型作了详细列举，包括与技术有关的结构、原料、组分、配方、材料、样品、样式、

植物新品种繁殖材料、工艺、方法或其步骤、算法、数据、计算机程序及其有关文档等信息，也包括与经营活动有关的创意、管理、销售、财务、计划、样本、招投标材料、客户信息、数据等信息。在技术信息领域，算法、数据、计算机程序及其有关文档等，都与人工智能产业息息相关。《最高人民法院关于审理侵犯商业秘密民事案件适用法律若干问题的规定》还对商业秘密的“秘密性”①“保密性”②与“价值性”③作了详细阐述，其中，针对实践中遇到的关于如何认定权利人采取了相应保密措施、如何确定商业秘密价值性、阶段性成果是否拥有价值等疑难问题，《最高人民法院关于审理侵犯商业秘密民事案件适用法律若干问题的规定》对

① **《最高人民法院关于审理侵犯商业秘密民事案件适用法律若干问题的规定》第三条** 权利人请求保护的信息在被诉侵权行为发生时不为所属领域的相关人员普遍知悉和容易获得的，人民法院应当认定为反不正当竞争法第九条第四款所称的不为公众所知悉。

② **《最高人民法院关于审理侵犯商业秘密民事案件适用法律若干问题的规定》第五条** 权利人为防止商业秘密泄露，在被诉侵权行为发生以前所采取的合理保密措施，人民法院应当认定为反不正当竞争法第九条第四款所称的相应保密措施。人民法院应当根据商业秘密及其载体的性质、商业秘密的商业价值、保密措施的可识别程度、保密措施与商业秘密的对应程度以及权利人的保密意愿等因素，认定权利人是否采取了相应保密措施。

第六条 具有下列情形之一，在正常情况下足以防止商业秘密泄露的，人民法院应当认定权利人采取了相应保密措施：（一）签订保密协议或者在合同中约定保密义务的；（二）通过章程、培训、规章制度、书面告知等方式，对能够接触、获取商业秘密的员工、前员工、供应商、客户、来访者等提出保密要求的；（三）对涉密的厂房、车间等生产经营场所限制来访者或者进行区分管理的；（四）以标记、分类、隔离、加密、封存、限制能够接触或者获取的人员范围等方式，对商业秘密及其载体进行区分和管理的；（五）对能够接触、获取商业秘密的计算机设备、电子设备、网络设备、存储设备、软件等，采取禁止或者限制使用、访问、存储、复制等措施的；（六）要求离职员工登记、返还、清除、销毁其接触或者获取的商业秘密及其载体，继续承担保密义务的；（七）采取其他合理保密措施的。

③ **《最高人民法院关于审理侵犯商业秘密民事案件适用法律若干问题的规定》第七条** 权利人请求保护的信息因不为公众所知悉而具有现实的或者潜在的商业价值的，人民法院经审查可以认定为反不正当竞争法第九条第四款所称的具有商业价值。生产经营活动中形成的阶段性成果符合前款规定的，人民法院经审查可以认定该成果具有商业价值。

此均予以明确。

在L公司、D公司侵害商业秘密纠纷一案中，原告L公司自主开发了软件《L建设企业管理信息系统V4.8》（以下称涉案软件），该软件中的多项技术内容构成商业秘密。D公司股东臧某等在L公司任职高管、技术主管期间，未离职就违法、违规地参与D公司的设立工作。原告诉称，D公司利用非法获得原告经营信息的便利，在其获准登记后不到3个月时间内，将L公司不为公知的产品改头换面登记为D公司的产品《D管理信息系统平台软件V1.0》（以下称被诉软件）。W公司与Y公司签订买卖合同购买和使用了被诉软件。

针对争议焦点“L公司主张的软件内容是否属于商业秘密”，本案一审法院北京知识产权法院从内容属性和保密性、秘密性、价值性角度对涉案软件的商业秘密属性进行了界定。

首先，界定商业秘密内容属性。该法院参照了《最高人民法院关于审理侵犯商业秘密民事案件适用法律若干问题的规定》中对商业秘密具体表现形式的规定，明确原告主张权利的数据库表和存储过程/函数属于技术信息。

其次，对保密性的认定中，结合密点内容与保密协议行为综合判断。本案中法院结合L公司对技术密点的说明、鉴定意见等证据，确认L公司对其软件内容设置了密点以此限定涉密范围。同时，法院考察了L公司与知晓上述内容的主要技术人员签订保密协议的行为。

再次，秘密性一般要求当事人证明所涉商业秘密不属于公共技术领域或已被公开。本案中法院以“上述数据库表和存储过程/函数属于软件后台的代码文件，一般不处于为所属领域的相关人员普遍知悉和容易获得的状态”和“D公司、W公司、Y公司未证明内容中存在从公共领域中引用的为所属领域的相关人员普遍知悉的技术内容”为依据，驳回了被告对秘密性的抗辩。

最后，涉案软件的价值性考察主要从该商业秘密与企业竞争优势与商业价值关系角度着手。本案中，L公司的经营业务包括涉及数据库运行的软件开发，企业的商业价值和竞争优势主要依赖于其所开发软件的质量，其中，数据库结构对软件质量是具有贡献性价值的。因此，其主张的数据库表和存储过程/函数是具有商业价值的，同时亦可为其带来竞争优势，故属于能为权利人带来经济利益、具有实用性的技术信息。①

在王某等与H公司等侵害商业秘密纠纷一案中，法院在界定涉案软件是否构成商业秘密时，依据被采取了证据保全措施的涉案源代码鉴定意见认定其属于“不为公众所知悉的技术信息”。根据涉案《软件开发合同》中有关H公司研发涉案软件系统及源代码合同价款的约定，证明H公司对涉案源代码享有经济利益。根据《系统集成合同》中关于涉案源代码约定的保密条款，《保密协议》《保密及竞业限制协议》《离职员工承诺书》以及涉案人员在离职时办理的相关交接手续，证明H公司对涉案源代码已经采取了相应的保密措施。②

（二）人工智能商业秘密纠纷中“接触可能性”的认定

《最高人民法院关于审理侵犯商业秘密民事案件适用法律若干问题的规定》第12条规定：“人民法院认定员工、前员工是否有渠道或者机会获取权利人的商业秘密，可以考虑与其有关的下列因素：（一）职务、职责、

---

① 最高人民法院（2020）最高法知民终1638号民事判决书，载中国裁判文书网，最后访问时间：2022年10月21日。

② 浙江省杭州市中级人民法院（2014）浙杭知终字第215号民事判决书，载中国裁判文书网，最后访问时间：2022年10月21日。

权限；（二）承担的本职工作或者单位分配的任务；（三）参与和商业秘密有关的生产经营活动的具体情形；（四）是否保管、使用、存储、复制、控制或者以其他方式接触、获取商业秘密及其载体；（五）需要考虑的其他因素。”该规定一方面承认了“接触”在商业秘密案件适用中的重要作用，另一方面明确了其具体考察类型，为司法案件适用和企业合规建设提供了重要指引。需要注意的是，所谓“可能性接触”，不限于直接证明实际接触，提出存在接触条件或者机会的可能性即可，这一规定迎合了商业秘密尤其是人工智能领域商业秘密接触和转移的隐蔽性，一定程度上减轻了权利人对接触事实举证的困难程度。

在L公司与周某等、D公司侵害技术秘密纠纷一案中，L公司主张为技术秘密的涉案技术信息，其内容主要记载在其提供的技术指标书等图纸资料中。L公司针对其涉案技术信息共主张13个密点，包括电路布局、元件的选择、参数、位置及连接方式、特定元件的材料构成及工艺要求等信息。经法院查明，魏某于2007年入职L公司担任检验员并签订劳动合同及保密协议，李某于次年入职担任研发部实验员并签订劳动合同和保密协议；周某、赵某先后于2009年与2011年入职该公司并担任销售员，签订劳动合同及保密协议。被告D公司于2012年成立，魏某、周某、李某、赵某先后就职于该公司。

本案一审中，北京知识产权法院以不构成商业秘密为由驳回原告L公司诉求。二审中，最高人民法院就周某等是否实施了侵权行为进行了分析。法院综合考虑了涉案人员职务接触商业秘密的可能性、离职时间与商业秘密形成时间、离职时间可能接触的图纸版本与涉案商业秘密的比较等因素。法院指出，L公司除了以包括物料描述在内指定产品型号的公证取证购买行为，要求D公司提供的被诉侵权产品之外，对被诉四位自然人如何获取涉案技术信息既缺乏具体描述，也没有相应证据支持。根据原审在案证据查明事实，本案中，被诉四位自然人中，魏某离职时间早于产品技术图纸形成时间，最晚离职的赵某离职时，周某、赵某从事销售工作，接触到核心商业秘密的可能性不大；李某虽担任研发部实验员，但其离职后，产品技术图纸仍有更新，在案并无证据表明，李某任职L公司期间有接触技术图纸的机会，L公司也未提供初步证据予以证明，据此，L公司主张李某等四位自然人非法获取技术信息没有事实依据，法院未予支持。[①]

（三）人工智能商业秘密纠纷中“实质性相同”的认定

对涉案商业秘密与被诉商业秘密是否构成“实质性相同”的认定，往往是原、被告双方在涉及人工智能领域商业秘密纠纷时的核心问题。《最高人民法院关于审理侵犯商业秘密民事案件适用法律若干问题的规定》第13条列举了在认定构成“实质性相同”过程中法院应当考虑的因素：（1）被诉侵权信息与商业秘密的异同程度；（2）所属领域的相关人员在被诉侵权行为发生时是否容易想到被诉侵权信息与商业秘密的区别；（3）被诉侵权信息与商业秘密的用途、使用方式、目的、效果等是否具有实质性差异；（4）公有领域中与商业秘密相关信息的情况；（5）需要考虑的其他因素。

在前述L公司、D公司侵害商业秘密纠纷一案中，一审法院从权利内容和规制路径角度分析，得出结论商业秘密比对的“实质上相同”标准均更倾向于著作权比对的“实质性相似”标准。法院同时提出，由于立法价值取向不同，《著作权法》确立的“思想表达二分法”并不适用于商

① 最高人民法院（2021）最高法知民终1302号民事判决书，载中国裁判文书网，最后访问时间：2022年10月21日。

业秘密领域，因此，“实质性相似”排除了只在思想层面一致的情况。综上，一审法院认为，在审查“实质性相同”时，只要能基于某一层面内容的一致性进而确信被诉内容来源于主张权利的内容，相应内容与主张权利的内容便构成实质性相同，而该层面越具体，越趋向于表达，确信度便越高。

基于这一判断，鉴定机构主要对数据库表的实体关系模型、字段名称、字段类型、字段存储内容、字段数量、表名称以及表之间的主外键关系进行了比对，并出具了“W公司当前使用的35个数据库表，10个储存过程/函数与L公司对应的表，储存过程/函数相同或实质相同，19个数据库表，1个储存过程/函数与L公司对应的表，储存过程/函数部分相似”等结论。

一审法院认为，对于程序代码来说，主要有两方面的表达：一是形式表达，即语句上的表达。在静态的数据库表中，可以体现为字段名称、字段数量、表的名称等，在动态的过程/函数中，可以体现为执行逻辑功能所展现的具体语句等。二是内容表达，即结构及功能上的表达。在静态的数据库表中，可以体现为实体关系模型、字段存储内容以及表之间的主外键关系等，在动态的过程/函数中，可以体现为实际需要实现的逻辑功能，如表单的调用优先级排布以及调用关系等。一审法院认为，鉴定意见中认定为实质性相同，即认为存在形式表达的部分相同以及内容表达的基本相同；部分相似，即认为存在少量形式表达或内容表达的相似。上述数据表单之间、表与过程/函数之间各自具有独立的作用，同时基于交互，亦存在紧密联系。上述实质相同部分主要系内容表达的基本相同，其体现的内容的选择、实现和布局均足够具体，亦可以达到为更好地展现软件内容、实现软件功能所应有的标准，因此，一审法院认为涉案软件被诉内容在具体层面上与涉案商业秘密具有相当的一致性，足以使一审法院认为其内容来源于涉案商业秘密。[①]

（四）人工智能商业秘密纠纷中“合法来源抗辩”的认定

《最高人民法院关于审理侵犯商业秘密民事案件适用法律若干问题的规定》第14条明确了人工智能商业秘密纠纷中“合法来源抗辩”的认定。根据该条规定，通过自行开发研制或者反向工程获得被诉侵权信息的，人民法院应当认定不属于《反不正当竞争法》第9条规定的侵犯商业秘密行为。这里所称的反向工程，是指通过技术手段对从公开渠道取得的产品进行拆卸、测绘、分析等而获得该产品的有关技术信息。企业在对人工智能产品进行反向工程的过程，一方面节省了企业自主研发所需耗费的人力、物力与财力，积累了资源与竞争优势；另一方面通过创造出更具竞争力的产品，实现了“产品—反向工程—新产品”的良性循环，具有促进社会竞争活力的积极意义。

反向工程的抗辩需要满足其构成要件，既要求主体适格，实施人对他人的商业秘密不负有保密义务，又要求产品来源合法，即从公开渠道取得的产品。适格主体的限制体现为两个维度：第一，实施前实施人不应当负有保密义务；第二，实施中实施人不得接触标的信息。对于产品来源的约束又体现在两点要求，即源于公共渠道，产品的获得手段正当诚实。实施过程应当满足“净室程序”，指在研发某种产品或者开发某种程序、方法时，除实施人本身的专业、常识以及经验外，研发者应当与商业秘密权利人被所保护的技术信息相隔绝。在美国的相关案例中，已

① 最高人民法院（2020）最高法知民终1638号民事判决书，载中国裁判文书网，最后访问时间：2022年10月21日。

有因净室程序无法免除接触和复制两个事实因素而导致反向工程出现瑕疵，最终不构成免责事由的案例。[①]

综上所述，人工智能领域的商业秘密纠纷，既体现着人工智能因其技术或伦理规范而显现的鲜明特点，也遵循着商业秘密基本的构成要件。研读人工智能领域商业秘密典型案例，不难总结在秘密构成、接触可能性的认定、实质性相同的判断和合法来源抗辩的应用上所体现的特点以及所形成的裁判规律。为应对商业秘密领域相关诉讼，企业更需要明确涉案技术信息或经营信息“商业秘密”属性，明晰相关人员接触秘密途径和泄密途径，准确把握法院针对“实质性相同”的认定思路。同时以相关司法实践经验为依据，努力加强企业合规建设，提升企业管理过程中商业秘密保护意识，构建完整的商业秘密保护制度，消除潜在的商业秘密泄露和诉讼风险。

第四节　开源软件的诉讼纠纷案例

一、开源许可协议介绍

开源软件是开放源代码软件的简称，通常指授权人遵循某种开源许可证协议，其源代码向公众公开，并允许用户在许可证约定的条件内自由使用、修改和分发。开源软件所倡导的“自由共享、开放协作”精神

① 费艳颖、周文康：《商业秘密反向工程的功能、关系与路径探析》，载《科技与法律》2021年第1期。

对促进软件产业快速发展与创新发挥着重要作用。

2019年，中国开源云联盟（COSCL）发布中国首个开源协议——木兰宽松许可证（Mulan PSL），据报道这是中国首个由官方推出的开源协议。[①] 目前该开源协议已通过开放源代码促进会认证，致力于构建开源生态。

软件开源授权许可协议是开源软件原作者为鼓励自由使用、自由复制、自由修改、自由发行源代码，让渡其著作权财产权和部分人身权给用户继续开发软件所设置，目的在于倡导开放、共享、平等、协作精神，创立自由开发、使用和传播的互联网环境。许可协议的存在使得人们“站在了巨人的肩膀上”。当前，包括GPL在内的各种开源许可协议已被众多国际组织、国家政府以及一些政治团体在立法上给予支持。开源许可协议已经成为国际行业内公认的有效契约文本，遵守协议文本规定也是信守诚实信用原则的体现。只有各方均信守开源授权许可协议中的条款，才能让软件源代码持续开源传播下去，繁荣软件市场，保证公众能享受到开源软件带来的成果。

根据开源许可协议的历史发展和自身性质，实践中，国内就其分类基本形成了共识，分别包括宽松自由软件许可证（Permissive Free Software License）、反版权许可证（Copyleft License，有人译作著作权许可证）、弱反版权许可证（Weak Copyleft License）。[②] 其中，有学者从其各自内容与特点出发，分别译作“获准型许可证”“传染型开源许可证”和“弱传染型开源许可证”。笔者将采用第二种翻译方法对各类开源许可协议作简要介绍。

---

① 赵钰莹：《中国首个官方推出的开源协议：木兰宽松许可证上线》，载极客邦科技InfoQ，https://www.infoq.cn/article/krzabacjrxcu27vkj*je，最后访问时间：2022年10月21日。

② 于涛：《开源许可证的传染性问题浅析》，载CSDN（中国开发者网络），https://blog.csdn.net/csdnopensource/article/details/125933519，最后访问时间：2022年10月21日。

（一）获准型许可证

获准型许可证是一种对软件的使用、修改、传播等方式采用最低限制的自由软件许可协议条款类型。该种类型的软件通常只要求被许可方承认原始作者，衍生软件可以成为私有软件，代表许可证有BSD系列许可证、MIT许可证、Apache-2.0和木兰宽松许可证等。WhiteSource数据库收集的开源软件结果表明，2019年获准型许可证的占比已达到60%以上。[①]

（二）传染型开源许可证

传染型开源许可证为了促进软件开发合作和共享，往往要求对软件的修改和扩展必须按照获得该软件的许可证进行开源，且不得违背原作品的限制条款。该许可证的效力范围，既要求修改后的软件版本全部覆盖在同一许可证之下（纵向传染性），又包括当某软件仅包含该类许可证授权的部分代码时也必须整体被该许可证授权发布的情形（横向传染性）。以GPL为例，使用了GPL作为开源许可的软件在修改、使用、复制之后生成的衍生作品，必须依然适用GPL作为开源许可，若违反了这一条件，则许可证失效，衍生作品将会被判断为侵权。这些衍生作品既包括开源软件自身的修改版本，也包括由开源软件自身或其修改版衍生出的新的作品。[②]常见的传染型开源许可证有OSL系列许可证、GPL等。

---

① AYALA GOLDSTEIN：《67%为宽松许可证，2020年开源许可证最新趋势来袭》，苏本如译，载微信公众号“CSDN”，2020年5月7日发布，https://mp.weixin.qq.com/s/Crux42o5dRTwLnL05IqbXg，最后访问时间：2022年11月14日。

② 于涛：《开源许可证的传染性问题浅析》，载CSDN（中国开发者网络），https://blog.csdn.net/csdnopensource/article/details/125933519，最后访问时间：2022年10月21日。

（三）弱传染型开源许可证

区别于传染型开源许可证，弱传染型开源许可证在某个软件包含了该类协议下的部分代码后再次发布时，仅这部分代码适用同一许可证，而对其他部分则不做要求，即不具有横向传染性，合并了这些软件代码的大型作品可以成为私有作品，此类许可证的代表是LGPL、MPL等。

有研究者据此绘制了各许可协议的类型划分（图3-1）。[①]

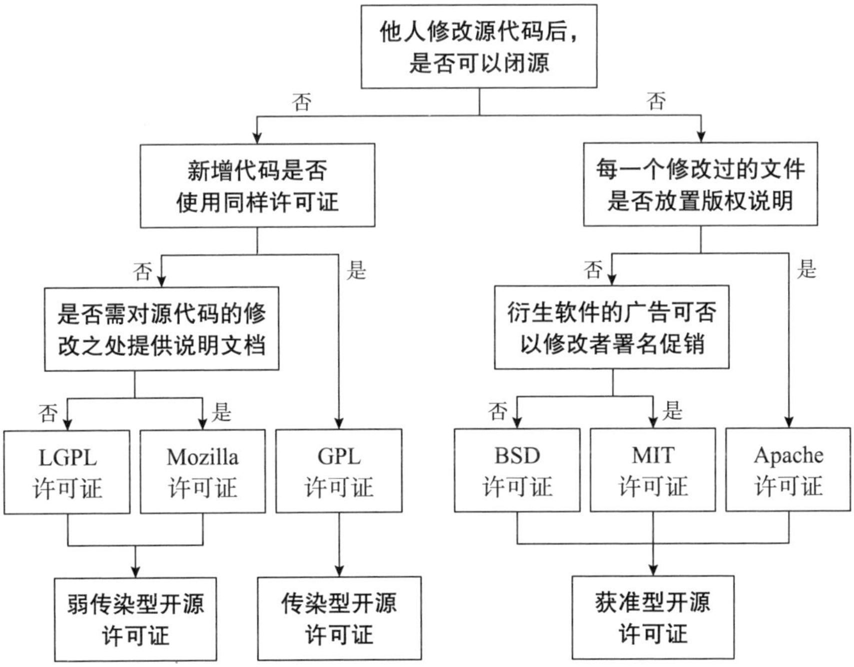

图3-1　各类开源许可证类型划分

① 阮一峰：《如何选择开源许可证？》，载阮一峰的网络日志，https://www.ruanyifeng.com/blog/2011/05/how_to_choose_free_software_licenses.html，最后访问时间：2022年10月21日。

二、开源软件诉讼纠纷及其核心问题

笔者检索与选取了近年来涉人工智能领域或互联网领域开源软件典型诉讼案例，归纳了开源软件诉讼纠纷中法院通常关注的核心问题，包括开源软件诉讼纠纷中的主体认定、侵权判定、许可协议“传染性”的影响和不同维权路径的选择等，以下将结合具体案例，对法院观点进行概括和评析。

（一）相关主体认定

1.开源软件著作权属于软件开发者

在国内开源软件相关诉讼纠纷中，法院通常引用《最高人民法院关于审理著作权民事纠纷案件适用法律若干问题的解释》第7条[①]或《计算机软件保护条例》第9条[②]，结合软件开发过程记录、著作权人登记署名信息和其他可以证明权利归属的证据进行相互印证，对涉案软件著作权人主体资格予以认定。另外，还会结合上传软件的时间，涉案软件登记证书载明的著作权人信息与网站是否可以相互印证，被告是否提交了相反证据等证据综合考量。

---

① 《最高人民法院关于审理著作权民事纠纷案件适用法律若干问题的解释》第7条规定，当事人提供的涉及著作权的底稿、原件、合法出版物、著作权登记证书、认证机构出具的证明、取得权利的合同等，可以作为证据。在作品或者制品上署名的自然人、法人或者非法人组织视为著作权、与著作权有关权益的权利人，但有相反证明的除外。

② 《计算机软件保护条例》第9条规定，软件著作权属于软件开发者，本条例另有规定的除外。如无相反证明，在软件上署名的自然人、法人或者其他组织为开发者。

在A公司、W公司侵害计算机软件著作权纠纷案中，一审法院认为，W公司提供了涉案软件、B2B2C模式电商平台系统V1.0计算机软件登记证书，以及关于该软件权利归属的《声明》和共同享有涉案软件著作权的声明书，并提交涉案软件正版光盘，而被告亦未提供相反证据，可以证明W公司系涉案软件的著作权人，是本案的适格原告。[①]

2. 开源软件作者可以不经所有贡献者授权提起诉讼

由于开源软件独特的开发模式，开源软件项目管理者可以在相关网站上传其独立编写的软件项目初始源代码，并选择适用某一种开源许可授权协议，其他用户均可自由浏览并获取该项目源代码。项目管理者创建主分支，其他用户可以基于主分支创建其自己的分支并自行修改维护。其他用户可以基于其创建的分支提起“创建拉取请求”，即申请将其分支中的修改合并入主分支中，项目管理者决定是否同意其他用户的“创建拉取请求”，若同意则将该分支合并入主分支master中，该用户成为主分支的贡献者。参见图3-2所示。

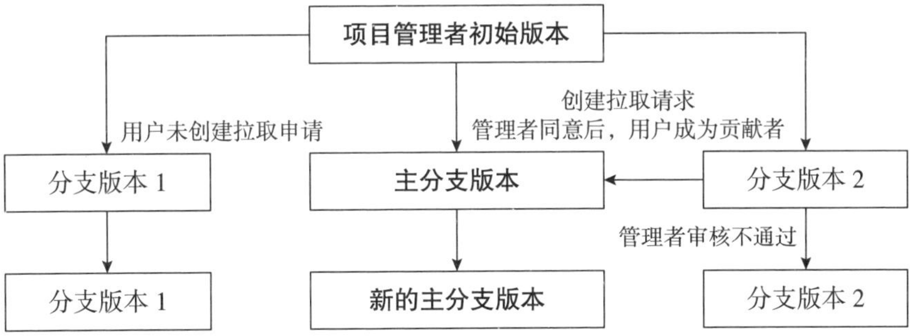

图3-2　开源软件开发模式

① 浙江省宁波市中级人民法院（2017）浙02民终3852号民事判决书，载中国裁判文书网，最后访问时间：2022年10月21日。

当含有开源软件代码的分支软件被认定应当受著作权法保护时，该软件往往因其开发和创作模式被认定为合作作品。我国针对可分割的合作作品和不可分割的合作作品，分别在法律法规和司法解释中有对合作作品的有关规定。例如，《著作权法实施条例》第9条规定：“合作作品不可以分割使用的，其著作权由各合作作者共同享有，通过协商一致行使；不能协商一致，又无正当理由的，任何一方不得阻止他方行使除转让以外的其他权利，但是所得收益应当合理分配给所有合作作者。”《计算机软件保护条例》第10条规定：“由两个以上的自然人、法人或者其他组织合作开发的软件，其著作权的归属由合作开发者签订书面合同约定。无书面合同或者合同未作明确约定，合作开发的软件可以分割使用的，开发者对各自开发的部分可以单独享有著作权；但是，行使著作权时，不得扩展到合作开发的软件整体的著作权。合作开发的软件不能分割使用的，其著作权由各合作开发者共同享有，通过协商一致行使……”但结合开源软件的运营特点，一般难以查清分布在全球的所有权利人基本情况，若开源项目要求必须经过所有贡献者的授权才能提起诉讼，那么将产生开源软件维权无从提起的后果。

广州知识产权法院在L公司、W公司等侵害计算机软件著作权纠纷民事一案中，论证了开源软件作者可以不经所有贡献者授权提起诉讼的观点。该案系2021年度广州知识产权法院十大典型案例之一，对国内法院审理开源软件诉权问题具有重要的参考意义。

本案中，原告L公司于2017年11月8日取得“L插件化框架虚拟引擎系统V1.0”（以下称L App）的计算机软件著作权登记证书，主张依法享有涉案软件著作权的全部权利。被告辩称，L公司诉称拥有著作权并提供对比鉴定的计算机软件代码，系托管在GitHub上的开源项目L App的L App-master版本源代码。该开源项目参与编写源代码程序的人数多达32

位，项目人A仅为著作权人之一。该开源程序项目为不可分割使用的合作作品，根据著作权法相关规定，合作作品著作权的转让应当取得全部权利人的协商一致，同时应当提供书面的转让协议。项目人A单方控制并更改了该开源项目的简介，声称将该开源软件的全部著作权权利转让给L公司，侵犯了其他著作权人的权利，该单方转让著作权的行为依法无效。

虽然依据个案证据情况，法院未对合作作品性质进行认定。但针对“原告公司是否有权提起本案诉讼”这一争议焦点，法院从权利基础、开源协议内容和诉讼难度等角度进行了分析：

（1）明确原告权利基础，肯定了项目管理人的决定性作用，通过比较项目管理人的代码与其他贡献者代码的比例，确认其他贡献者提交的代码不会对涉案软件著作权产生实质性影响。首先，L公司的股东罗某作为项目管理人于2016年7月7日将涉案软件L App的初始版本源代码（首次提交507个文件，共31097行）上传至GitHub官网开源发布，这是L公司主张权利的基础，也是整个涉案软件的核心基础。贡献者提交的代码是在此基础上不断升级优化，贡献者提交的代码能否并入涉案软件主分支由项目管理人决定，项目管理人提交的代码量占整个涉案软件代码量的绝大部分，因此其他贡献者提交的代码并未对涉案软件著作权产生实质性影响。

（2）明确了开源许可协议具有许可项目管理者在协议范围内自由使用的意义。法院指出，涉案L App适用了LGPLv3协议或GPLv3协议，那么其他贡献者在申请将其代码并入主分支时默认同意适用LGPLv3协议或GPLv3协议，即同意将其代码开源贡献给项目管理者和其他用户在授权许可协议范围内自由使用。

（3）结合维权和诉讼难度等因素作出价值权衡。法院指出，开源软件项目的贡献者往往人数众多，互不相识且散布于全球各地，只要项目保持开源，贡献者数量就会持续动态地增加。即使涉案软件属合作作品，就在案证据难以查清所有权利人的基本情况下，若开源项目要求必须经过所有贡献者的授权才能提起诉讼，那么将导致开源软件维权无从提起。因此，法院认定，L公司作为提交了绝大部分代码量的项目管理者提起本案诉讼亦无须经过其他贡献者的授权，有权单独提起本案诉讼。[①]

（二）开源软件诉讼纠纷中的“传染性”认定

在开源软件的诉讼纠纷中，在完成对权利主体的认定后，往往仍需结合“传染性”因素考虑开源许可协议所影响的软件范围，以明确诉讼纠纷客体。各方当事人主要争议的焦点往往在于如何界定其是否符合传染性规则的例外，从而判断是否构成违约或侵权。在前文中，已对开源许可协议的内容及“传染性”规定做了对比和分析。在具体的司法案件中，结合不同情况，针对涉案软件部分是否被开源许可协议“传染性”影响，又存在不同的认识和观点。

1.当软件各部分相互区分或独立时，不适用“传染性”规定

在S公司与B公司侵害计算机软件著作权纠纷一案中，二审法院归纳争议焦点为，涉案权利软件是否为开源软件，是否应无偿许可他人使用。本案中，原审被告S公司上诉称B公司前端代码与后端代码存在交互且没有进行有效隔离，不是相互独立的，根据GPL协议的相关内容以及极强

① 广州知识产权法院（2019）粤73知民初207号民事判决书，载中国裁判文书网，最后访问时间：2022年10月21日。

的传染性特性，B公司的前端文件和后端文件共同构成的其主张著作权的软件，整体软件都可以视为前端程序的修订版本，应当遵循GPL协议向所有第三方无偿开源。

法院没有支持S公司的上诉主张，而是通过分析软件各部分相互区分或独立，进而得出个案中不适用“传染性”规定的结论。

（1）当代码可以分别独立打包、部署时，可以不认定二者属于一体。法院首先阐述了本案中前后端代码的不同特点，指出前端代码与后端代码是可以分别独立打包、部署的。因此，前端代码与后端代码在展示方式、所用技术、功能分工等上均存在明显不同，不能因前端代码与后端代码之间存在交互配合就认定二者属于一体。

（2）结合本案中当事人主张权利范围，明确涉案软件仅为后端代码。B公司作为权利人在本案中明确放弃以前端代码主张权利，仅以后端代码主张权利，因此涉案软件仅为后端代码而非S公司所称前端文件和后端文件共同构成涉案软件。

（3）结合开源许可协议内容，辨析“传染性”含义，得出前后端代码在特定情形下可以相互隔离的结论。根据2007年6月29日发布的GPLv3第5条关于“一个受保护程序和其他独立程序的联合作品，在既不是该程序的自然扩展，也不是为了生成更大的程序，且联合作品和产生的版权未用于限制编译用户的访问或超出个别程序许可的合法权利时，被称为聚合体。包含受保护程序的聚合体并不会使本许可应用于该聚合体的其他部分”的规定，S公司所称GPL协议的“传染性”应当是指GPL协议的许可客体不仅限于受保护程序本身，还包括受保护程序的衍生程序或修订版本，但不包括与其联合的其他独立程序。本案中，虽然B公司认可其前端代码中使用了GPL协议下的开源代码，但其主张权利的是后端代码，其后端代码是独立于前端代码的其他程序，并不受GPL协议的约束，无须强制开源。①

2. 当作为派生作品与开源软件具有紧密联系时，应当适用“传染性”规则

在L公司另一起涉诉案件——L公司、F公司等侵害计算机软件著作权纠纷民事一案中，针对被诉软件是否应开源问题，法院经查，被诉软件使用了原告采用GPLv3发布的涉案软件L App，被告对此亦予以确认。根据GPLv3第5条第1款c项、第7条和第10条规定的相关内容及“强传染性”特征，对在逻辑上与开源代码有关联性且整体发布的衍生作品，只要其中有一部分是采用GPLv3发布，那么整个衍生作品都必须受到GPLv3的约束。一项遵循GPLv3的源代码不能同非自由的源代码合并。因此，被诉软件应当遵循GPLv3向公众无偿开放源代码。被告F公司辩称未实质性修改所使用的开源代码，故无须公开被诉软件的源代码缺乏理据，法院未予支持。②

（三）开源软件诉讼纠纷中的维权路径选择

1. 开源许可协议性质认定

开源许可协议实现了开源软件的著作权人针对著作财产权和部分人格权授予其他用户使用，同时实现了软件自由开发、使用或传播的目的。

---

① 最高人民法院（2019）最高法知民终663号民事判决书，载中国裁判文书网，最后访问时间：2022年10月21日。

② 广东省深圳市中级人民法院（2019）粤03民初3928号民事判决书，载中国裁判文书网，最后访问时间：2022年10月21日。

开源许可证已经成为国际行业共同认可和遵守的开源许可协议的形式。开源软件权利人在发布开源软件时可以选择使用某开源许可证，其他用户在复制、修改、再发布该开源软件时，需要遵守开源许可证中的内容。但针对开源许可协议的性质，一直以来在理论和实践中均未形成统一的观点和看法，而对开源许可协议性质的认识，将直接影响在审理开源软件诉讼纠纷时，法律法规的适用及用户的维权路径。前述L公司、F公司等侵害计算机软件著作权纠纷民事一案，同样是我国首个明确GPLv3性质的司法案例，[①]其论证逻辑和说理依据，具有重要的指导意义。法院从“协议的内容具备合同特征”和“协议的形式具备合同特征”两个角度进行了辨析。

（1）协议的内容具备合同特征

GPLv3属于发生私法上效果的意思表示，而意思表示是民事法律行为的核心要素，因此GPLv3是一种民事法律行为。该协议授予用户复制、修改、再发布等权利，实际上在授权人和用户之间形成了权利变动，属于设立、变更、终止民事权利义务关系的民事法律行为。授权人许可的权利符合我国著作权法的相关规定；其采用开源许可证发布源代码，将自己的大部分著作权授予不特定用户，完全出于自愿。用户在许可证下复制、修改或再发布源代码，通过行为对许可证作出承诺，也是出于自愿。用户在对源代码进行复制、修改或发布时许可证成立，同时许可证发生法律效力。

（2）协议的形式具备合同特征

法院指出，GPLv3以电子文本方式表现其内容，而电子文本是一种

① 杜晓宽、宁敏、成如意：《解读我国首个明确开源软件协议性质的判决》，载微信公众号“知产财经”，2021年11月25日发布，https://mp.weixin.qq.com/s/oaY3L5EzljH8u41m9Rvobw，最后访问时间：2022年10月21日。

有形的表现形式，属于以书面形式订立的合同。综上所述，GPLv3具有合同性质，可认定为授权人与用户之间订立的著作权协议，属于我国《民法典》调整的范围。

2. 开源软件诉讼路径选择

针对违反开源软件许可协议的行为，和许多普通民商事案件一样，存在违约救济和侵权救济两种方式。但违约之债和侵权之债的救济在形式、力度上均有差别。违约当事人的损害赔偿责任范围小于侵权行为人的损害赔偿责任范围；违约责任的守约方的法律救济措施主要包括继续履行和损害赔偿，侵权责任的受害人的法律救济措施除包括停止侵害、损害赔偿、恢复原状等外，还包括临时禁令救济措施。

在前述L公司、W公司等侵害计算机软件著作权纠纷民事一案中，针对这一问题，一审法院列举了2008年美国联邦巡回上诉法院审理的Jacobsen诉Katzer上诉案和德国慕尼黑地区法院审理的HaraldWelter诉SiteCom案。美国法院认为，如果被许可使用者超出协议约定范围使用即构成侵权，开源软件许可人可以以版权侵权提起诉讼。德国法院认为，当被告依据GPL许可协议的授权终止后，继续使用开源软件的源代码将构成对原告著作权的侵害，且德国司法实践中倾向于通过著作权侵权救济应对违反开源软件GPL开源许可协议的行为。

基于此，法院所持观点认为，违反开源许可协议可以寻求违约救济或者侵权救济，两者竞合，由当事人自行选择。本案中，L公司明确其主张的是W公司同时违反商业使用限制保留条款以及GPLv3，构成无权使用，其行为构成侵权，应承担侵权责任。故法院从侵权角度审理了W公司的被诉行为。

（1）违反开源许可协议意味着丧失授权权利基础

法院在审理过程中引用了当时仍现行有效的《合同法》第45条（现

为《民法典》第158条）规定“当事人对合同的效力可以约定附条件。附生效条件的合同，自条件成就时生效。附解除条件的合同，自条件成就时失效”。在法院已认定授权许可协议GPLv3协议属于附解除条件的著作权合同后，许可条款是版权许可的条件，如果用户违背条款规定，那么许可的前提条件已不复存在，则GPLv3协议终止适用，用户获得的授权也将自动终止。本案中，W公司未向用户提供被诉侵权软件源代码下载已经违反GPLv3协议规定，则W公司对涉案软件源代码的复制、发布行为因失去权利来源而构成侵权。

（2）实施了没有权利基础的信息网络传播行为，构成著作权侵权

《最高人民法院关于审理侵害信息网络传播权民事纠纷案件适用法律若干问题的规定》第3条规定：“网络用户、网络服务提供者未经许可，通过信息网络提供权利人享有信息网络传播权的作品、表演、录音录像制品，除法律、行政法规另有规定外，人民法院应当认定其构成侵害信息网络传播权行为。通过上传到网络服务器、设置共享文件或者利用文件分享软件等方式，将作品、表演、录音录像制品置于信息网络中，使公众能够在个人选定的时间和地点以下载、浏览或者其他方式获得的，人民法院应当认定其实施了前款规定的提供行为。”本案中，W公司将侵权软件上传到各应用软件平台供用户在其选定的时间和地点下载，侵害了L公司涉案软件的信息网络传播权。

综上所述，开源软件的诉讼纠纷伴随着开源模式的迅速拓展和开源软件的广泛应用，越发受到相关企业的高度重视。各开源软件的诉讼过程与一般民事或知识产权诉讼存在广泛差异，应当结合开源许可模式特点做具体解读与分析。前文依托不同的开源许可协议具体文本，简明扼要地介绍了各开源许可协议之间的区别与联系，提醒相关企业明晰开源软件著作权权利归属和诉权行使模式，有针对性地分析“传染性”以界

定企业著作权权属范围，在发生针对开源软件的诉讼时结合具体案情和权衡双方权利义务承担方式，作出符合企业利益最大化的诉讼策略选择。相关企业也应当更加重视开源软件开发和运营风险，及时发现潜在的著作权权属争议和潜在的诉讼纠纷。

第五节　人工智能涉数据、算法的不正当竞争行为规制

目前，中、美、日、英、法、德等国已颁布了促进人工智能应用和开发的国家战略。随着机器学习、自然语言处理和图像识别等技术的迅速发展，人工智能技术成为人们关注的焦点。但是，人工智能技术在造福人类、为人类服务的同时，也存在着风险和挑战。

在人工智能时代，经营者可能利用先进算法与大数据资源实施复杂、隐秘的不正当竞争行为，对其他经营者合法提供的网络产品或服务产生妨碍干扰甚至是颠覆性影响。相关研究表明，到2020年，零售业85%的顾客服务互动将由某种形式的人工智能技术驱动或受其影响。来自智威汤逊广告公司（J. Walter Thompson）的一份报告表明，70%的所谓千禧一代欣赏通过人工智能技术展示其产品的品牌，38%的消费者在使用人工智能的情况下获得了比不使用人工智能更好的购物引导。①

在与人工智能相关的法律问题研究方面，学术界更多地聚焦在人工智能技术的可专利性、人工智能生成物的著作权保护等问题上，但围绕

① Lee Curtis & Rachel Platts，“AI Is Coming and It Will Change Trade Mark Law”，Managing Intellectual Property，2017（1）：10.

人工智能技术与反不正当竞争展开的讨论相对较少。

一、人工智能时代涉数据、算法的不正当竞争行为

人工智能的三大基础要素为数据、算法、算力。数据是人工智能算法的“饲料”，算法是人工智能技术发展的“推手”。随着人工智能技术的进步，数据和算法的经济价值被进一步挖掘和释放。

虽然数据和算法本身是中立的技术手段，但经营者具有“经济人”和“理性人”的双重属性，可能会滥用数据和算法，突破法律和商业伦理的边界，实施流量劫持、妨碍干扰、恶意不兼容等新型不正当竞争行为，最终损害其他市场参与方的合法权益。

不正当竞争的成立可以是损害经营者法定的有名权益，如商标、商业秘密等，也可以是无名权益，只要其可以作为一种竞争优势给经营者带来营业收入或潜在交易机会。涉数据、算法的新型不正当竞争行为是指经营者利用数据、算法实施的违反法律与商业道德的竞争行为。在被称为中国大数据产品不正当竞争第一案的T公司诉M公司案中，T公司对于“生意参谋”数据产品享有竞争性财产权益。法院认为，M公司以营利为目的，将“生意参谋”数据产品直接作为自己获取商业利益的工具，提供同质化的网络服务，从而获取商业利益与竞争优势的行为，明显有悖公认的商业道德，属于不劳而获“搭便车”的不正当竞争行为，最终判令M公司赔偿T公司200万元。[①] 由此可见，虽然国家鼓励科技创新和技术进步，且技术本身是中立的，但当经营者将技术作为不正当竞争的

① 浙江省杭州市中级人民法院（2018）浙01民终7312号民事判决书，载中国裁判文书网，最后访问时间：2022年10月21日。

手段或工具时，这种行为就具有了可罚性。

对于中国人工智能企业而言，通常采用自行采集、业务积累、爬虫抓取、数据购买、生态共享、算法生成、公开数据集这7种典型方式中的一种或几种获取自身所需的数据。依据数据的开放程度，涉及数据获取、使用的竞争行为会呈现不同的形态。

（一）涉及完全公开数据的不正当竞争行为

完全公开数据的获取没有用户身份认证等事前限制，第三方数据使用者可以自由地获取数据。例如，数据使用者通过“网络爬虫”（Web Spider）抓取搜索引擎上的公开数据。搜索引擎的工作原理就是使用“网络爬虫”自动抓取相关网站内容并建立索引，使得网络用户通过搜索引擎能在较短时间内从互联网的海量信息中检索到所需信息。而数据控制者可以通过设置robots协议拒绝爬虫访问，robots协议英文全称为Robots Exclusion Protocol，直译为机器人排除协议，也称爬虫协议，是指网站所有者通过一个置于网站根目录下的文本文件robots.txt，告知搜索引擎的网络爬虫哪些网页可以抓取、哪些网页不能被抓取，主要是为了避免搜索引擎的网络爬虫大量、重复地抓取导致网站服务器因过载而无法正常运行，以及抓取对网络用户没有使用价值的信息。robots.txt文件本身默认值就是“允许”抓取，“不允许”抓取只是特例。当一个网站未设置robots.txt文件或robots.txt文件的内容为空时，则意味着该网站对于所有搜索引擎的网络爬虫都是开放的。

在这种数据获取场景下，一方面，如果数据控制方通过robots协议对其他经营主体获取数据进行不合理的限制，就可能构成不正当竞争。例如，B公司一直在其相关网站的robots协议中排除Q公司的搜索引擎，用户使用Q公司的搜索引擎搜索到B公司的相关网站后，在点击访问时，会出现访问被阻断并跳转到B公司的搜索引擎网站的现象。robots协议的初衷是指引搜索引擎的网络爬虫更有效地抓取对网络用户有用的信息，从而更好地促进信息共享。如果网站通过设置robots协议，使“允许”抓取成为特例，显然与robots协议的初衷背道而驰。根据《互联网搜索引擎服务自律公约》第8条的约定，robots协议对于通用搜索引擎抓取限制的设置应当具有行业公认合理的正当理由。B公司在缺乏合理、正当理由的情况下，以对网络搜索引擎经营主体区别对待的方式，限制Q公司的搜索引擎抓取其相关网站网页内容，影响Q公司搜索引擎的正常运行，这不仅会降低Q公司搜索引擎的用户满意度，损害Q公司的合法权益和相关消费者的利益，也会在客观上增强B公司搜索引擎的市场优势地位，妨碍了正常的互联网竞争秩序，违反公平竞争原则，且违反诚实信用原则和公认的商业道德，构成《反不正当竞争法》第2条规定所指的不正当竞争行为。

另一方面，如果数据使用者使用网络爬虫从数据控制方抓取数据，并明显超过合理限度进行使用，也会构成不正当竞争。其中一种情形是数据使用者从数据控制方获取数据，并通过简单的算法处理后向用户提供与数据控制方同质的产品或服务，那么这种数据使用行为可被认为是“实质性替代”的不正当竞争。比如，在H公司诉B公司不正当竞争纠纷案中，法院认为B公司抓取涉案信息并不违反robots协议，但B公司在其产品中大量使用来自H公司用户的评论信息，已对H公司构成实质性替代，消减了H公司的竞争优势和交易机会，这种超出必要限度使用涉案信息的行为不仅损害了H公司的利益，也可能使得其他市场主体不愿再就信息的收集进行投入，破坏正常的产业生态，并对竞争秩序产生一定的负面影响。同时，这种超越边界的使用行为也可能会损害未来消费者的利益。就本案而言，如果获取信息投入者的利益不能得到有效保护，则必然使得进入这一领域的市场主体减少，消费者未来所能获知信息的渠道和数量亦将减少。B公司实施的是一种不正当竞争行为。[①]

（二）涉及相对公开数据的不正当竞争行为

相对公开数据的获取需要经过身份认证等事前授权。对该种数据的不正当获取方式，主要是指未经授权或者超出授权范围抓取用户数据。例如，数据使用者通过API接口认证获取数据，但是超越数据访问权限获取了授权范围之外的数据。在W公司诉T公司不正当竞争纠纷案中，在T公司明确了解需要通过申请获得用户相关信息的接口权限，且合作终止后应当及时删除获取的用户信息的情况下，T公司在合作期间超出许可范围抓取并使用W公司用户职业信息、教育信息，并在合作终止后较长一段时间内仍然使用来自W公司的用户信息；T公司的行为主观故意明显，行为违反了诚实信用的原则，违背了公认的商业道德，危害到W公司用户信息安全，损害了W公司的合法竞争利益，对W公司构成不正当竞争。[②]

大数据时代，通过API接口实现数据资源共享是目前企业之间合作的新模式，根据相关法律规定，经营者收集、利用用户信息应当遵循合法、正当、必要的原则并经用户同意。第三方通过API接口获取平台用户信息时应坚持“用户授权”+“平台授权”+“用户授权”的三重授权原则，即数据控制方在向第三方提供数据之前应先取得用户授权，而第三方应获得数据控制方的授权，并且在通过API接口获取用户信息并使用时需再次取得用户的授权，明确告知用户其使用的目的、方式和范围，尊重用

① 上海知识产权法院（2016）沪73民终242号民事判决书，载中国裁判文书网，最后访问时间：2022年10月21日。

② 北京知识产权法院（2016）京73民终588号民事判决书，载中国裁判文书网，最后访问时间：2022年10月21日。

户的知情权和自由选择权。

（三）涉及不公开数据的不正当竞争行为

对于不公开数据而言，数据控制方一般对数据进行了技术措施保护。不公开数据如果具有秘密性、价值性和保密性，则属于商业秘密，对该类数据的非法获取是侵犯商业秘密的不正当竞争行为。在不公开数据类型领域中，典型的不正当数据获取行为是“黑客行为”，该种数据获取行为，不仅涉及不正当竞争，甚至可能构成刑事犯罪。例如，在G公司与Y公司的数据不正当竞争纠纷案中，为了提高Y公司开发的智能公交App信息查询的准确度及在中国市场的用户量，保证公司更好地经营，Y公司相关人员利用网络爬虫软件攻破G公司App的加密系统，大量爬取G公司开发的智能公交App的实时数据，爬取的数据直接为Y公司所用，使该公司的智能公交App准确度提高。经评估，G公司因被非法侵入计算机信息系统所造成的直接经济损失为24.43万元人民币。深圳市南山区人民法院认定Y公司相关人员违反国家规定，采用其他技术手段，获取计算机信息系统中储存的数据，情节特别严重，其行为已构成非法获取计算机信息系统数据罪，并且，深圳市中级人民法院认为Y公司利用网络爬虫技术大量获取并且无偿使用原告G公司智能公交App的实时公交信息数据的行为，实为一种“不劳而获”的行为，具有非法占用他人无形财产权益，破坏他人市场竞争优势，并为自己谋取竞争优势的主观故意，违反了诚实信用原则，扰乱了竞争秩序，构成不正当竞争行为。[①]

---

① 广东省深圳市中级人民法院（2017）粤03民初822号民事判决书，载中国裁判文书网，最后访问时间：2022年10月21日。

二、涉数据、算法等技术的不正当竞争行为的分类

有学者从反不正当竞争法学理视角进行分析，提出涉数据、算法等技术的新型不正当竞争行为可以被区分为两种基本类型：（1）非效能竞争风险类型；（2）阻碍竞争风险类型。[①]

（一）非效能竞争风险类型

非效能竞争风险类型的不正当竞争行为，是指经营者利用数据、算法手段，显著妨碍消费者对产品、服务的优劣做出理性判断，从而使消费者丧失固有的在市场领域决定产品、服务优胜劣汰的裁判功能。非效能竞争风险类型不正当竞争行为包括以下两个方面。

1.误导型不正当竞争行为

误导型不正当竞争行为系经营者滥用数据、算法手段，针对消费者制造“信息茧房”“信息误导”效应，以致影响消费者作出理性决策。2021年8月17日，国家市场监督管理总局发布了《关于〈禁止网络不正当竞争行为规定（公开征求意见稿）〉征求意见的通知》（以下简称《征求意见稿》）第15条所述“经营者利用技术手段，误导、欺骗用户修改、关闭、卸载、放弃使用其他经营者合法提供的网络产品或者服务”即属于典型的误导型不正当竞争行为。例如，在一则案例中，上海市长宁区人民法院

① 翟巍：《数据、算法驱动型不正当竞争行为的规制路径——兼评〈禁止网络不正当竞争行为规定（公开征求意见稿）〉》，载《法治研究》2021年第6期。

认为，合同双方通过各种手段让涉及某品牌的负面新闻在搜索引擎上不被社会公众所知晓或者不容易被社会公众所知晓，该“负面压制”条款的目的违背了诚实信用的基本法律原则，严重违反了《消费者权益保护法》和《反不正当竞争法》的基本原则，也将损害搜索引擎服务提供者的公信力，进而损害其商业价值，因而认定该“负面压制”条款无效。[①]

2.侵犯型不正当竞争行为

侵犯型不正当竞争行为系经营者利用施加压力的方式，迫使消费者作出相应商业决策，从而严重损害消费者的自主决策权。《征求意见稿》第三章（第13—16条）所禁止的“利用技术手段实施妨碍干扰等不正当竞争行为”主要属于“侵犯型不正当竞争行为”范畴。如果经营者并不是从便利消费者与服务消费者的角度设定新型商业模式，而是试图通过强制改变用户消费习惯的方式来攫取商业暴利（如餐厅经营者强行以扫码点餐取代人工点餐），那么就涉嫌构成侵犯型不正当竞争行为。

（二）阻碍竞争风险类型

阻碍竞争风险类型的不正当竞争行为是指经营者利用数据、算法手段，阻碍其他经营者提供高性价比的产品、服务，从而阻滞公平与有效的市场竞争机制的运行。

在反不正当竞争法律实践中，恶意不兼容行为属于典型的阻碍竞争风险类型的不正当竞争行为。例如，经营者利用搜索降权、排名后置、

① 严剑漪、王雨堃：《上海长宁法院判决确认两家公司合同中“负面压制”条款无效》，载中国法院网，https://www.chinacourt.org/article/detail/2021/09/id/6259700.shtml，最后访问时间：2022年10月21日。

阻断流量等隐秘的数据、算法手段变相强迫平台内商家接受“二选一”的要求，进而阻碍竞争对手提供有效的服务，这种行为就构成阻碍竞争风险类型的不正当竞争行为。

在互联网市场竞争领域，如果经营者故意借助数据、算法手段实施一项不兼容行为，并且该项行为不符合诚实信用原则与公认的商业道德标准，那么该项行为就涉嫌构成恶意不兼容形态的不正当竞争行为。如果一个经营者不利用数据、算法手段实施不兼容行为，它将无法正常提供其网络产品与服务，抑或它的合法权益将受到侵害，或者它将额外负担过于高昂的设施改造成本与维护成本，那么该经营者实施的不兼容行为就具有正当性与合法性。

三、涉数据、算法的不正当竞争行为的法律规制

市场经济鼓励商业创新和公平、自由的竞争，以此实现优胜劣汰，但扰乱市场秩序的不正当竞争行为应当予以禁止。《反不正当竞争法》第2章列举了几种常见的不正当竞争行为，但由于市场竞争行为方式具有多样性和可变性，法律不可能对所有类型的不正当竞争行为都预先作出规定。例如，语音指令作为人工智能中人机交互的一种方式，较之商品名称、企业名称、域名等出现得较晚，在类型方面亦存在一定差别，《反不正当竞争法》第6条并未予以列明。但是《反不正当竞争法》第6条的目的在于制止混淆行为，避免相关公众产生误认。因此，只要能够与该商品或服务及其提供者建立特定的联系，且具有一定的影响，即应被纳入《反不正当竞争法》第6条所规定的权益保护范围之内。在B公司与Z公司不正当竞争纠纷案中，北京市海淀区法院认为，B公司的语音指令已成为用户在使用其产品时必不可少且频繁出现的特定的语音指令，已与该产品的人机交互等

功能和服务建立起密不可分的联系，且经过大量、广泛、形式多样的宣传推广，使得该语音指令具有较高的知名度和较大的影响力，与B公司及其产品建立起了明确、稳定的联系。B公司对其语音指令享有合法权益，应当受到《反不正当竞争法》第6条第4项的保护。Z公司使用与B公司完全相同的语音指令，在主观上难谓不具有恶意，在客观上也极易导致相关公众产生混淆。Z公司的行为违反了《反不正当竞争法》第6条第4项的规定，对B公司构成不正当竞争。[①]在上述案例中，语音指令的产生和识别都离不开人工智能算法和数据，当语音指令构成用于识别商品或服务的语音商标权时，其受到《反不正当竞争法》第6条第4项的保护，即经营者不得实施"其他足以引人误认为是他人商品或者与他人存在特定联系的混淆行为"。

随着互联网产业的蓬勃发展，出现了流量劫持、屏蔽广告、数据爬取、大数据杀熟等多种新型不正当竞争行为，而这些行为的实现往往借助涉算法和数据的人工智能技术，传统的《反不正当竞争法》对于规制这些新型不正当竞争行为存在滞后性问题，因此，2017年修订的《反不正当竞争法》在传统的6类不正当竞争行为，即仿冒混淆、商业贿赂、虚假宣传、侵犯商业秘密、有奖销售、商业诋毁之外，增设了第12条"互联网专条"，强调对利用技术手段，通过影响用户选择或者其他方式，实施的妨碍、破坏其他经营者合法提供的网络产品或者服务正常运行的行为进行了法律规制，包括典型的插入链接、强制进行目标跳转的流量劫持行为，误导、欺骗、强迫用户修改、关闭、卸载其他经营者合法提供的网络产品或者服务的妨碍干扰行为，以及对其他经营者合法提供的网络产品或者服务实施不兼容的恶意不兼容行为。国家市场监督管理总局发布的《征求意见稿》包含多个针对涉数据、算法的新型不正当竞争行

① 北京市海淀区人民法院（2019）京0108民初63253号民事判决书，载中国裁判文书网，最后访问时间：2022年10月21日。

为进行细化的具体规定。例如，第13条规定“经营者不得利用数据、算法等技术手段，通过影响用户选择或者其他方式，实施流量劫持、干扰、恶意不兼容等行为，妨碍、破坏其他经营者合法提供的网络产品或者服务正常运行”。第21条规定“经营者不得利用数据、算法等技术手段，通过收集、分析交易相对方的交易信息、浏览内容及次数、交易时使用的终端设备的品牌及价值等方式，对交易条件相同的交易相对方不合理地提供不同的交易信息，侵害交易相对方的知情权、选择权、公平交易权等，扰乱市场公平交易秩序。交易信息包括交易历史、支付意愿、消费习惯、个体偏好、支付能力、依赖程度、信用状况等”。

在涉数据、算法的新型不正当行为未落入《反不正当竞争法》第6条至第12条的特别规定调整范畴时，可考虑适用《反不正当竞争法》第2条，该条款为一般条款，具有填补法律漏洞的作用。在具体案件中，对那些虽不属于《反不正当竞争法》第2章所列举，但确属违反诚实信用原则和公认的商业道德而具有不正当性的竞争行为，法院可以适用《反不正当竞争法》第2条予以调整，以保障市场公平竞争。在“海带配额案”中，最高人民法院明确了适用《反不正当竞争法》第2条应当同时具备以下条件（“三要件”标准）：（1）法律对该种竞争行为未作出特别规定；（2）其他经营者的合法权益因该竞争行为而受到了实际损害；（3）该种竞争行为因确属违反诚实信用原则和公认的商业道德而具有不正当性——即违反“诚实信用原则和公认的商业道德”是证明该行为具有“不正当性”的核心要素。[①]例如，在T公司与Q公司不正当竞争纠纷案中，最高人民法院认为，在市场经营活动中，相关行业协会或者自律组织为规范特定领域的竞争行为和维护竞争秩序，有时会结合其行业特

① 最高人民法院（2009）民申字第1065号民事裁定书，载最高人民法院公报2011年第10期，http://gongbao.court.gov.cn/Details/77634dc56f52bd146d782567addb14.html，最后访问时间：2022年11月14日。

点和竞争需求，在总结归纳其行业内竞争现象的基础上，以自律公约等形式制定行业内的从业规范，以约束行业内的企业行为或者为其提供行为指引。这些行业性规范常常反映和体现了行业内的公认商业道德和行为标准，可以成为人民法院发现和认定行业惯常行为标准和公认商业道德的重要渊源之一。由此，最高人民法院认可将《互联网终端软件服务行业自律公约》第18条、第19条作为认定互联网行业惯常行为标准和公认商业道德的参考依据。[①]最高人民法院于2022年3月16日发布的《最高人民法院关于适用〈中华人民共和国反不正当竞争法〉若干问题的解释》也规定，特定商业领域普遍遵循和认可的行为规范可被认定为《反不正当竞争法》第2条规定的“商业道德”。

除上述提及的《反不正当竞争法》《消费者权益保护法》《最高人民法院关于适用〈中华人民共和国反不正当竞争法〉若干问题的解释》等法律法规及司法解释外，《民法典》《网络安全法》《数据安全法》《个人信息保护法》《中华人民共和国广告法》《互联网信息服务算法推荐管理规定》等相关规定，也通过多个条款对涉数据、算法的不正当竞争行为进行了规制。例如，《数据安全法》第51条规定，“窃取或者以其他非法方式获取数据，开展数据处理活动排除、限制竞争，或者损害个人、组织合法权益的，依照有关法律、行政法规的规定处罚”；《互联网信息服务算法推荐管理规定》第15条规定，“算法推荐服务提供者不得利用算法对其他互联网信息服务提供者进行不合理限制，或者妨碍、破坏其合法提供的互联网信息服务正常运行，实施垄断和不正当竞争行为”。以上规定均明确，不得利用算法实施不正当竞争行为，要使用合法合规的方式

---

① 最高人民法院指导案例78号，载最高人民法院官网，https://www.court.gov.cn/shenpan-xiangqing-37612.html，最后访问时间：2022年11月14日。

进行数据获取和使用，充分保护数据及其相关主体的合法权益。

四、对经营者开展涉数据、算法的商业竞争行为的实践建议

自由竞争能够确保市场资源优化配置，但经营者开展涉数据、算法的商业竞争行为时应当遵守诚实信用原则和公认的商业道德，维护公平竞争的市场秩序，保护经营者和消费者的合法权益，不得损害国家利益和社会公共利益。笔者通过对相关司法实践的总结，谨在此给出一些实践建议供参考：

第一，由于目前人工智能产业中的相关行业规范、标准及自治协议仍处在发展阶段，经营者应当把握机会，在不违反法律原则和规则的前提下，在开发新商业模式的同时积极推进和建立行业规范及自治协议，并得到行业内经营者的广泛签署，使它们成为《反不正当竞争法》一般条款所规定之“商业道德”的具体化、特定化内容，并在涉数据、算法等人工智能技术的应用过程中严格遵循这些行业规范和自治协议，争取将其作为评价行为具有“正当性”的依据。

第二，经营者作为数据控制方若在robots协议中设置限制条件需注意合理性和正当性。目前，由于robots协议可能会被一些行业巨头利用作为垄断的工具，包括互联网工程任务组（Internet Engineering Task Force，IETF）在内的一些重要国际组织仍拒绝采纳robots协议作为行业标准。如果经营者作为数据控制者希望通过设置robots协议限制网络爬虫抓取数据，应当具有合理、正当的理由。例如，出于保护受访网站内部信息或敏感信息的需要；出于维护受访网站正常运行的需要；出于保护社会公共利益的需要等，并且不得影响用户的自主选择权。

第三，经营者作为数据获取方在获取不同开放程度的数据时需遵循

"合法、正当、必要"原则。从上述案例可以看出，针对不同开放程度的数据，经营者或多或少会使用算法等技术手段进行不同方式的数据获取，帮助其实现商业竞争目的。针对完全公开数据，若数据控制方设置了不合理的robots协议，经营者可以遵循"协商—通知"原则处理，向数据控制方提出书面修改robots协议、准许数据获取方获取数据的请求。若数据控制方在合理的期限内未书面、明确地提出其拒绝修改robots协议的合理理由的，或者数据获取方认为理由不成立的，可以请求相关执行机构或行业协会先行调解和裁决，或采取诸如诉讼、申请行为保全等法律措施予以解决。经营者在未违反robots协议的前提下通过搜索引擎抓取数据，也需遵循"合法、正当、必要"原则，采取对数据控制者损害最小的措施。例如，可考虑设置指向数据源的链接，符合"协商—通知"规则，以避免对具有竞争关系的数据控制者的业务构成实质性替代。针对相对公开数据，第三方经营者通过API接口获取平台用户信息时应坚持"用户授权"+"平台授权"+"用户授权"的三重授权原则。避免未经授权采用技术手段非法获取数据，否则不仅可能涉及不正当竞争行为，侵犯商业秘密，甚至还可能触犯刑法，构成非法获取计算机信息系统数据罪。

第四，经营者在使用数据时，可考虑结合司法案例，从以下几个方面进行"正当性"论证：（1）数据是否具有商业价值，能否给经营者带来竞争优势；（2）数据获取的难易程度和成本付出；（3）对数据的获取及利用是否违法、违背商业道德或损害社会公共利益；（4）竞争对手使用的方式和范围。如果数据使用者从数据控制方获取数据后，通过算法的深度加工和挖掘，向市场提供了类似于数据控制方的、但更为优质的产品或服务，那么这种数据使用行为具有经济合理性，不易被认定为不正当竞争。此外，在人工智能领域，用户的隐私权也是一个非常重要的课题。在人工智能时代，对用户数据的使用，一方面要规范数据使用技术，加强数据匿名化处理；另一方面要明确数据的使用用途，不得侵犯个人隐私。

第五，经营者应增强人工智能技术应用流程的可控性与透明度，最小化算法黑箱特性可能带来的负面影响和损害后果。在现行法律体系之下，人工智能算法和数据常被视为核心的竞争性资源而作为商业秘密进行保护。但是，这些人工智能技术会对用户的消费决策产生较大影响，虽然消费者并不一定具有足够的专业知识或者并不想了解这些技术意义，经营者仍应在广告宣传、信息过滤、商业评价等方面向消费者做出关于技术工作原理的充分说明，将自主权和选择权交还消费者，而不能强制或暗中为消费者作出决定，以确保算法的可解释性与可验证性。

反不正当竞争目的在于维护公平的市场竞争秩序，2018年至2020年，全国法院共新收一审、二审不正当竞争民事案件14736件，审结13946件，年均增幅达18%，出现了平台“二选一”、恶意不兼容、数据抓取等受到社会高度关注的新型不正当竞争民事案件。[①]随着人工智能技术的快速发展和消费者需求的改变，经营者必然会不断改进商业模式，市场竞争秩序将逐渐被人工智能技术影响和改变。可以预见，未来人工智能技术将对反不正当竞争法提出诸多挑战。

经营者在谋求正当商业利益和不损害他人合法权益的前提下，应尽可能地提供便利消费者选择或者更好地满足消费需求的中立性技术工具或者手段，这一做法非但不会受到法律禁止，还会得到市场激励。人工智能时代的商业竞争行为应以法律为边界，树立正确的价值观，“倡导向上向善，抵制逐利作恶”，合理规制涉数据、算法的竞争行为，确保公平、透明，为人工智能产业的发展营造一个公平自由的市场竞争环境。

---

① 《最高人民法院发布人民法院反垄断和反不正当竞争典型案例》，载中国法院网，https://www.chinacourt.org/article/detail/2021/09/id/6288565.shtml，最后访问时间：2022年10月21日。

第四章　人工智能领域的知识产权管理与运营

第一节　人工智能企业的知识产权管理实践探讨

根据相关统计，目前人工智能产业正从发展期向成熟期过渡，步入了稳步增长阶段，2022年人工智能核心产业规模预计达到2476亿元，带动相关产业规模9396亿元，到2026年预计核心产业规模将超过6000亿元。其中，核心产品包括计算机视觉、智能语音、对话式AI、机器学习（含自动驾驶）、知识图谱、自然语言处理、AI芯片等。随着人工智能产业的发展，也打开了新一轮的城市和区域竞争变局。根据中国新一代人工智能发展战略研究院2018—2021年针对区域人工智能科技产业竞争力评价指数的追踪研究表明，2021年长三角总评分首次超过京津冀位列第一。人工智能企业主要集中在应用层，京津冀以及长三角地区基础层、技术层企业占比高于珠三角及川渝地区。[①]

① 艾瑞咨询：《2021年中国人工智能产业研究报告》，2022年4月发布，载艾瑞咨询官网，https://www.iresearch.com.cn/Detail/report?id=3925&isfree=0，最后访问时间：2022年10月21日。

知识产权是重要的无形资产，智力资本商业银行公司OCEAN TOMO调查显示，1975年标准普尔500企业的市值组成中，83%是有形资产（工厂、机器、房产等），而到了2015年，企业市值的84%已由无形资产决定，主要是知识产权。[①]在人工智能被认为是未来国际竞争制高点的格局下，人工智能企业作为创新主体，必须提高知识产权的管理水平，才有可能保证企业的竞争力和可持续发展。

笔者结合在人工智能企业的工作经历和案例，以下从人工智能企业知识产权管理策略和重点、人工智能企业知识产权管理制度、人工智能企业知识产权保护及风险管理三方面展开讨论。

一、人工智能企业知识产权管理策略和重点

企业要做好知识产权管理，首先要明确知识产权管理的目标，而就这一点来说，人工智能企业与其他产业并无不同，其根本目标都是在与企业总体经营目标相匹配的前提下，提升企业的商业竞争力。在知识产权管理目标确定后，就需要进一步制定知识产权管理策略，明确知识产权管理重点。

通常来说，在制定知识产权管理策略时，需要考虑企业的主营业务类型、企业规模、市场地位、财务预算等多种因素，并且在不同发展阶段，适时调整策略以适应企业的发展。例如，对于初创型人工智能企业，应该更加关注核心知识产权的保护，尤其是对占据细分市场具有强竞争力的自主创新技术，并且相比知识产权的数量和广泛布局，更需要关注知识产权的质量，此外，在知识产权保护区域的选择上要优先选择法律

① 国家知识产权局知识产权保护司：《企业知识产权保护指南》，2022年4月发布。

制度健全且产品销量较大的主要市场，在有限的财务预算内做好最优的资源配置。

随着技术的发展，知识产权保护对象的外延也在不断扩展，整体上包括专利、商业秘密、版权、商标、域名、数据等类型，不同类型的知识产权具有不同的特点。例如，专利权是国家依法在一定时期内授予专利权人或者其权利继受者独占使用其发明创造的权利，其保护范围较广，可保护产品（包括形状、构造或其结合）、方法或者与其改进有关的新技术方案，但授权需要经过国家知识产权局审查，且满足新颖性、创造性和实用性等法定要求，流程较为复杂；商业秘密是指不为公众所知悉，具有商业价值并经权利人采取相应保密措施的技术信息、经营信息等商业信息，无保护期限限制，但不是绝对垄断的权利，权利证明和侵权取证难度都较大；软件著作权保护计算机程序及其有关文档，自作品完成之日起即自动享有，但保护不延及开发软件所用的思想、处理过程、操作方法或者数学概念等。企业在进行知识产权管理时应熟悉不同类别知识产权的特点，并据此把握知识产权管理的侧重方向。人工智能企业发展的关键要素包括算法、数据、算力，因此，在知识产权管理方向上，不同于传统行业，人工智能企业将更侧重于人工智能算法、芯片的商业秘密和专利保护，计算机软件的著作权保护，数据合规和安全等方面的知识产权管理。

二、人工智能企业知识产权管理制度

从国家层面来讲，知识产权法律制度的主要目的是在保护公众利益的同时，最大限度地激励人们进行发明创造、智力创作或者合法经营。相应落实到企业层面，企业的知识产权制度同样要起到激励创新的作用，因此，创新激励制度是人工智能企业必不可少的知识产权管理制度之一，包括专利奖励制度、标准参与及制定奖励制度、创新项目申报奖励制度等。

人工智能企业的创新源泉通常来自技术人员，但不同于20世纪80、90年代，目前技术人员的流动性和跳槽频率明显提高，导致职务发明纠纷频发，这一点可以在科创板上市企业的问询中体现。自2019年6月13日科创板开板以来，核心技术人员在拟上市企业中所研发形成的核心专利是否与原单位或者高校存在权属争议，一直是科创板上市委员会（以下简称上市委）重点关注的问题。例如，人工智能企业虹软科技，在上市申报过程中被上市委要求回复以下问题："请发行人……（2）说明实际控制人、董事、高级管理人员、核心技术人员是否存在违反与曾任职单位之间的竞业禁止协议或保密协议的情况……（5）D某与Z某发明专利数占公司所有发明专利比例高于10%，两人已于2005年从公司离职，以上两人离职的原因，是否与发行人在专利权属方面存在纠纷……"[①]由此可见，职务发明管理制度同样是人工智能企业必不可少的知识产权管理制度之一。

无论是初创型企业还是大型企业，在具体到知识产权保护的操作层面时，都需要制定相应的知识产权保护评审制度，对内部的软件、硬件技术进行筛选和识别，判断哪些技术需要保护，选择什么手段进行保护，保护的级别是什么等。例如，企业可制定专利保护评审制度，通过设立由发明人、技术专家、专利工程师、市场人员等组成的专利评审委员会，定期对技术交底书进行评审，评审维度可包括技术先进性、市场应用范围、可专利性等，由此得出技术交底书中的内容是否适合申请专利、选择哪种专利申请类别（发明、实用新型、外观设计）、专利的等级是什么

① 《关于虹软科技股份有限公司首次公开发行股票并在科创板上市申请文件的第二轮审核问询函回复》，第134页，http://static.sse.com.cn/stock/information/c/201905/ae2259cb81814040a0b9e5a40a086aed.pdf，最后访问时间：2022年10月21日。

（核心、外围、预研）、专利申请的地域选择等结论，从而保证申请的专利真的有价值。同时，如能配合较高的专利撰写水平，则更能保证有较高的专利质量，能够切实保护到企业的技术，也能构建技术壁垒。

在落实知识产权管理的过程中，始终离不开人的意识和行为，只有在企业内部培养和构建知识产权保护意识，形成良好的知识产权保护文化和氛围，才能更好地推进工作。由此，必须建立完善的知识产权培训制度，对不同部门、不同层级的企业人员进行分类和分级培训。

分类培训可以包括：（1）对知识产权内部团队进行相关法律法规、经典案例、专利挖掘、检索分析、布局等方面的培训，提升知识产权管理人员的专业能力和水平；（2）对市场销售团队就商务拓展中的专利风险、侵权取证保全、专利资产的运用等方面进行培训；（3）对人力资源团队就入职离职调查制度、奖励考核制度等方面进行培训。

分级培训可以包括：（1）与企业高层管理者就企业所处的竞争环境、企业所面临的知识产权风险、挑战和机遇等方面进行讨论和规划；（2）与企业中层管理者进行沟通使其与高层制定的战略目标和策略达成共识，并制定细化的实施方案；（3）对企业基层员工进行侧重于技术交底书撰写、专利挖掘等具体操作实务方面的培训；（4）对企业新员工进行侧重于知识产权相关制度的培训。

此外，根据企业的不同发展阶段，可逐步完善和细化知识产权管理制度，建立数据合规审查制度、开源软件审核规范、技术进出口审核机制、人工智能伦理安全风险治理等管理规范。

三、人工智能企业知识产权布局和风险管理

如前所述，人工智能企业的知识产权管理更侧重于人工智能算法、

芯片的商业秘密和专利保护，计算机软件的著作权保护，数据合规和安全等方面，以下重点围绕专利、商业秘密和数据保护三方面展开讨论。

（一）专利保护和风险管理

首先，根据企业的不同发展阶段，专利保护工作具有不同的目标和重点，在企业起步阶段，通常专利保护工作在合理布局的前提下以专利资产积累为主，工作重点主要在专利挖掘、申请及流程和文档管理等；在企业发展阶段，除了继续积累专利资产以外，还需要进一步提高对专利质量的要求，增加风险控制和防范的需求，工作重点将同样增加专利检索与分析，以及专利风险管理等；在成熟阶段，企业将增加对专利资产运营的需求，此时工作重点将增加专利价值评估、维护管理及运营管理等。

其次，企业的专利保护工作还需从不同维度展开，包括：（1）专利申请数量方面：应当与同行可比竞争对手相比，具有合理的专利申请数量及授权数量；而针对科创板拟上市企业，还需注意满足《科创属性评价指引（试行）》4项常规指标第3项"形成主营业务收入的发明专利5项以上"的要求；（2）专利保护内容方面：可根据专利评审结果，优先保护核心技术，然后保护与核心技术相关的外围技术，在企业财务及规划允许的情况下，再增加对前瞻性技术、与竞争公司对抗的相关技术的保护；同时，要注意保障核心专利与主要产品、核心技术、主营业务收入的对应关系；（3）专利申请时间方面：在技术开发过程中，应持续做好专利保护工作，确保核心专利的申请时间与核心技术的迭代时间相匹配，并且务必在技术公开之前提交专利申请，避免因市场推广活动或开源共享而导致技术被提前公开最终影响专利的授权；（4）专利申请地域方面：

要综合考虑公司的市场规划、拟申请地域的法律和资源环境、竞争对手的布局地域等;（5）专利发明人方面：一些企业存在发明人挂名现象，实践中应尽量避免，以防后期产生法律纠纷。

随着人工智能创新的快速发展，全球人工智能相关专利申请以平均每年28%的速度增长，中国人工智能技术专利同样也保持爆发式增长态势。截至2021年9月，中国人工智能领域申请专利共计909401件，授权专利253811件。[①]庞大的专利数据背后，也暗藏诸多专利风险，因此，人工智能企业在进行专利风险管理时，必须关注专利侵权风险，结合FTO分析结果评估侵权风险的高低，并配合规避设计、无效请求、现有技术抗辩、先用权抗辩、合法来源抗辩、寻求许可转让等手段进行风险应对。同时，还需关注专利的使用风险，避免合作或委托开发过程中未对使用权和收益权进行约定或约定不明，且应尤其关注涉诉专利的使用风险。

（二）商业秘密保护和风险管理

由于目前各国对人工智能专利申请的保护客体适格性判断上有不同的标准，人工智能技术方案容易被认定为“抽象概念”“智力活动的规则”而被排除在保护客体之外，并且，人工智能专利因为可视化程度较低，存在举证困难的问题，使得人工智能技术在专利保护和维权上存在一定的难度。而在人工智能领域，数据、算法、计算机程序及其有关文档等非公知信息是主要的技术秘密，因此，人工智能企业在做好专利保

① 国家工业信息安全发展研究中心、工信部电子知识产权中心:《中国人工智能高价值专利及创新驱动力分析》，2021年10月发布。

护和风险管理的同时，尤其需要关注商业秘密的保护和风险管理。

根据《反不正当竞争法》第9条第4款规定，商业秘密需要具备秘密性、价值性以及保密性。在商业秘密侵权纠纷案件中，权利人必须先行明确其商业秘密的秘密点，否则将会因为权利范围不清楚而难以获得法律保护。例如，人工智能企业在智能软件的开发过程中通常会在开源代码的基础上开发，若针对开源代码部分并没有修改，则法院会要求在除去开源代码的其余有独创性的代码范围内确定秘密点。而在“中国无人驾驶第一案”的B公司诉前员工侵害商业秘密纠纷案中，虽然B公司认为该前员工在B公司在职及离职期间的下述行为构成对B公司商业秘密的侵犯：（1）违反竞业协议，创立与B公司有直接竞争关系的公司并挖走部分核心员工；（2）离职时未上交存储有B公司商业秘密的物品；但因为B公司始终无法证明商业秘密的存在，也无法证明该员工有侵害商业秘密的行为，B公司最终撤回起诉。[①]

因此，在进行商业秘密管理时，应明确哪些属于商业秘密，依据商业秘密的价值、商业秘密的载体形式等具体情况对商业秘密设定不同的密级、保密期限和保密措施。很多人工智能企业会涉及算法推荐服务，《互联网信息服务算法推荐管理规定》第16条要求，算法推荐服务提供者应当以显著方式告知用户其提供算法推荐服务的情况，并以适当方式公示算法推荐服务的基本原理、目的意图和主要运行机制等。人工智能企业在披露算法规则时应注意避免涉商业秘密的细节，可通过示例、流程图等方式告知用户满足合规要求。例如，国内某头部外卖平台在2021年9月首次公开骑手配送中“预估到达时间”的算法规则，其中并未披露技

---

① 北京知识产权法院（2017）京73民初2000号民事裁定书，载中国裁判文书网，最后访问时间：2022年10月21日。另参见《“中国无人驾驶第一案”尘埃落定》，载腾讯网，https://new.qq.com/rain/a/20200228A0BTCP00，最后访问时间：2022年10月21日。

术细节，但对于基本原理（四层算法模型）、目的意图（为骑手提供充裕送餐时间）、运行机制（在模型预估时间的基础上增加三层保护时间）均予以告知。①

实践中，大部分商业秘密侵权纠纷的产生与员工离职有关，在人工智能领域，人才的流动相对于传统行业显得更为频繁，但是公司的技术秘密往往与员工自身的知识和技能交织在一起，有时很难确定两者的界限，商业秘密被披露的风险自然难以避免。因此，除了要求员工签署保密协议之外，往往还需通过与员工签署竞业限制协议的方式避免员工离职导致的商业秘密泄露或被不正当使用。

无论是有意泄露还是无意泄露，商业秘密信息一旦泄露，就不再是商业秘密，人工智能企业可根据《最高人民法院关于审理侵犯商业秘密民事案件适用法律若干问题的规定》第6条的规定采取保密措施，包括：（1）签订保密协议或者在合同中约定保密义务；（2）通过章程、培训、规章制度、书面告知等方式，对能够接触、获取商业秘密的员工、前员工、供应商、客户、来访者等提出保密要求；（3）对涉密的厂房、车间等生产经营场所限制来访者或者进行区分管理；（4）以标记、分类、隔离、加密、封存、限制能够接触或者获取的人员范围等方式，对商业秘密及其载体进行区分和管理；（5）对能够接触、获取商业秘密的计算机设备、电子设备、网络设备、存储设备、软件等，采取禁止或者限制使用、访问、存储、复制等措施；（6）要求离职员工登记、返还、清除、销毁其接触或者获取的商业秘密及其载体，继续承担保密义务等。

① 陈际红、陈煜烺：《算法推荐新规生效：五大视角厘清算法治理新格局》，载中伦律师事务所官网，https://www.zhonglun.com/Content/2022/03-01/1557405640.html，最后访问时间：2022年10月21日。

（三）数据保护和风险管理

人工智能的实现，与海量的数据基础密不可分，在人工智能技术的运用过程中，通常会涉及数据的收集、存储、处理和使用。

在数据收集环节，收集的数据内容可能包括用户姓名、出生日期、证件号码、电话号码、住址、生物识别信息、邮箱、健康信息等个人信息，收集渠道可能包括从第三方购买、自行收集、网络爬虫等多种方式。《民法典》《数据安全法》及《个人信息保护法》均规定自然人的个人信息受法律保护,《网络安全法》规定个人信息控制者应当“遵循合法、正当、必要的原则”，并禁止收集“与其提供的服务无关的个人信息”，此外，根据《中华人民共和国刑法》第253条之一的规定，侵害他人的个人信息不仅要承担民事责任，还可能承担刑事责任。人工智能企业在数据收集环节，需尤其注意合法获取个人信息，如在“中国人脸识别第一案”——郭某诉Y公司服务合同纠纷中，二审法院认为，人脸识别信息相比其他生物识别信息而言，呈现出敏感度高，采集方式多样、隐蔽和灵活的特性，不当使用将给公民的人身、财产带来不可预测的风险，应当作出更加严格的规制和保护。经营者只有在消费者充分知情同意的前提下方能收集和使用，且须遵循合法、正当、必要原则。Y公司在涉指纹识别的“年卡办理流程”中规定“至年卡中心拍照”，郭某亦同意在办卡时拍摄照片，但提供照片仅系为了配合指纹年卡的使用，不应视为其已授权同意Y公司将其照片用于人脸识别。Y公司虽自述其并未将收集的照片激活处理为人脸识别信息，但其欲利用收集的照片扩大信息处理范围，超出事前收集目的，违反了正当性原则。同时，鉴于收集照片与人脸识别利用的特定关系，Y公司又以短信通知等方式要求郭某激活人脸识别，表明其存在侵害郭某面部特征信息之人格利益的可能与危险。①

数据存储贯穿于人工智能技术的整个过程，最大的风险在于因系统漏洞而导致数据的泄露。例如，在北京T技术有限公司、北京T科技发展有限公司与某网络技术有限公司不正当竞争纠纷案中，二审法院认为，被上诉人某网络技术有限公司经营的新浪微博拥有数亿用户，通过Open API（开放应用程序编程接口）向众多第三方应用软件提供接口，其作为Open API平台提供方，在其认为没有授予上诉人北京T技术有限公司、北京T科技发展有限公司相应权限的情况下，上诉人北京T技术有限公司、北京T科技发展有限公司已然通过Open API接口获取了相应信息，暴露出被上诉人对于Open API权限控制的漏洞，其在Open API接口控制权限的设置、信息通过Open API接口调用的检测以及调用过程的记录等方面存在严重的缺陷。鉴于Open API合作开发模式的巨大潜力以及在互联网大数据时代的积极作用，互联网企业在运用Open API开展合作开发时，不仅应将用户数据信息作为竞争优势加以保护，还应将保护用户数据信息作为企业的社会责任，采取相应的技术措施提升Open API合作模式中对相应权限的控制，不断完善Open API合作模式。②

人工智能企业在进行数据相关处理事项时，应注意遵守合法、正当、必要和最小范围原则，获取权利人的充分授权、不过度收集个人信息，在存储和使用的过程中采取必要措施，确保数据安全，防止泄露、被窃取、被篡改或丢失，不非法出售或未经授权向他人提供数据。同时尽量对合法获取的数据进行清洁处理，避免侵犯个人隐私；在收集、处理和

① 浙江省杭州市中级人民法院（2020）浙01民终10940号民事判决书，载中国裁判文书网，最后访问时间：2022年10月21日。

② 北京知识产权法院（2016）京73民终588号民事判决书，载中国裁判文书网，最后访问时间：2022年10月21日。

使用过程中遵守公开处理原则，确保数据主体的知情权和控制权。另外，如果涉及业务确需向境外提供数据，且属于《数据出境安全评估办法》规定的特定情形的，应当对数据出境进行安全评估申报和风险自评估。

综上所述，人工智能技术的发展，对国家、经济和社会的进步产生了深远的影响，也引发了许多新的知识产权保护问题，如何合法合规地开发、运用人工智能技术，如何做好人工智能企业的知识产权保护和管理，从基础创新保护到转化运用进行全方面、全流程的知识产权体系建设，需要在当前法律法规的引导下，结合实际案例和企业经营状况，不断调整和完善，才能逐渐达成目标。

第二节　人工智能领域的知识产权许可和转让

知识产权商业化途径，除了自主开发产品并进行市场销售之外，还可以通过许可、转让、资本化运作等方式实现收益，并主要根据企业或科研机构的自主开发能力、商业运作能力、资本运作能力、风险控制等级和业务布局的不同而选择。下文围绕人工智能领域的知识产权许可及转让方式（以下主要介绍技术类，不含商标权相关许可或转让）所涉及的重要法律问题展开讨论。

一、基本概念及背景

知识产权许可（licensing）：许可方将所涉知识产权授予被许可方按照约定条件使用/实施的活动，简称许可。许可人可以是知识产权的所有人（包括单独所有与共有，如为共有权人的，还需要注意结合相关法律规定及共有权行使的协议约定审查对外许可的同意程序及类型），也可以是本身拥有分许可权利的被许可人。知识产权许可一般可以分为三类：独占许可、排他许可和普通许可。独占许可，是指许可人在约定许可实施专利的范围内，将该专利仅许可一个被许可人实施，许可人依约定不得实施该专利；排他许可，是指许可人在约定许可实施专利的范围内，将该专利仅许可一个被许可人实施，但许可人依约定可以自行实施该专利；普通许可，是指许可人在约定许可实施专利的范围内许可他人实施该专利，并且可以自行实施该专利。此外，结合不同的商业目的，实务中还会出现交叉许可（即当事人还可以约定互为技术的许可方与被许可方，彼此授予不同技术的使用权的许可协议，也被称为互换协议，类似于以货易货贸易。交叉许可协议较多地利用在专利联营这种形式之中，不同的专利权人基于技术的互补性，相互许可专利权，或形成共同的许可条款向第三方授权）。

知识产权转让（assignment/sale）：出让方将所涉知识产权让渡给受让方的活动，简称转让。世界知识产权组织及外文资料中多从广义上使用“转让”（transfer）一词，通常意义包括“许可”（licensing）和狭义的“转让”（assignment/sale）。

一般而言，知识产权许可或转让的客体包括专利、专利申请、技术秘密、计算机软件、集成电路布图设计、植物新品种，以及以其他形式体现的知识产权。许可或转让一般采取书面合同的形式（以下称技术合同），合同一般会对许可或转让的适用主体、权利类型、用途（使用权、特定产品制造权及销售权等）、期限、地域限制、费用及其支付方式、改进技术归属和收益分配、技术验收标准和方法、瑕疵担保和保证条款、第三人权利侵权责任、保密、违约及争议解决等方面进行约定。

对于人工智能领域的技术而言，其行业特性决定了技术合同往往涉及更多方面的考量。在人工智能领域行业中，由于涉及技术参与主体复杂，技术革新速度较快，相关许可或转让主体相对于许可或转让内容来说更具复杂性。各方应当关注技术合同项下可能触发的法律问题，仔细审慎相关条款，以有效规避风险，保障利益。

二、人工智能领域技术合同特点

人工智能领域技术特点导致技术合同的主体较为复杂。一般而言，人工智能领域不同圈层主要参与主体包括算法方、模型训练方、数据方和模型使用方（主要负责具体应用）。根据参与不同类型的主体间实际需要的不同，可能出现双向许可、单向许可、再许可等许可方式；针对转让而言，也涉及转让内容的具体选择和明确。

人工智能领域知识产权许可涉及的知识产权多样，可能包括专利、软件著作权、商业秘密等。人工智能领域按照产业架构一般可以分为基础层、技术层和应用层，对于不同圈层，将通过专利、软件著作权和商业秘密的不同组合保护知识产权。人工智能领域知识产权的类型多样性造成许可或转让时需要兼顾不同类型的知识产权的特点，有针对性地采用适当的合同条款，如考虑不同范围的保密义务、期限限制、侵权追究诉权、相关专利无效或技术秘密进入公有领域的情形处理。

三、人工智能领域技术合同之改进成果

知识产权改进，是指技术合同的任何一方或者双方对作为合同标的的专利、计算机软件或技术秘密等所作的革新和改良。许可人或转让人

可能会在技术合同签订后对背景知识产权进行改进，而被许可人或受让人在后续实施或使用背景知识产权过程中也可能对技术做出适应性或创造性的修改。因此，一般要在技术合同中约定此等改进的归属及收益分配。根据我国法律规定，当事人可以按照互利的原则，在合同中约定实施专利、使用技术秘密后续改进的技术成果的分享办法，但在不同情形下的条款约定可能存在效力瑕疵。

（一）一方独有

技术合同可以约定在合同有效期间或一定期限内的知识产权改进的所有权归某一方所有，而不论其是否是实际开发主体。但是要注意，《民法典》规定，“非法垄断技术或者侵害他人技术成果的技术合同无效”；《最高人民法院关于审理技术合同纠纷案件适用法律若干问题的解释》进一步规定，“限制当事人一方在合同标的技术基础上进行新的研究开发或者限制其使用所改进的技术，或者双方交换改进技术的条件不对等，包括要求一方将其自行改进的技术无偿提供给对方、非互惠性转让给对方、无偿独占或者共享该改进技术的知识产权”，属于“非法垄断技术”。在此种情况下，需要考虑约定一方独有的条款被认定为有非法垄断效果。当事人双方需要考虑是否支付开发方相关合理对价补偿或有效证明开发过程并非完全独立的前置条件，从而控制该等条款的效力风险。

（二）共有

技术合同可以约定知识产权改进的所有权归合同各方共同所有，而不论由哪一方实际开发。在此种情况下，应特别注意对共有权利行使条款的细化约定，从而避免因为共有给后续技术权利行使和保护带来的不便。

（三）实际改进方所有

技术合同也可规定根据实际开发主体而决定改进知识产权的归属。例如，如由一方独立开发改进的知识产权，该等知识产权的相关权利和收益归于该开发方；而如由合同多方共同开发，则由多方共同拥有。这样的约定通常对双方而言最为公平合理且无法律效力瑕疵。但是在实务过程中，较难证明“独立开发”，尤其是针对被许可方而言，且被许可方通常对技术改进具有更为实际和迫切的需求。

（四）回授许可

在改进技术归属一方所有的情形下，通常技术合同中会约定对改进技术不拥有权属的一方获得改进技术的一项许可权，建议结合实际情况在技术合同中明确该项权利是否排他、区域、期限、用途及是否无偿的问题。

四、人工智能领域技术合同之保证条款

（一）知识产权有效性保证

技术合同的标的知识产权的有效性是技术合同的基础。根据《民法典》的相关规定，技术转让合同的让与人和技术许可合同的许可人应当保证自己是所提供的技术的合法拥有者，并保证所提供的技术完整、无

误、有效，能够达到约定的目标。当事人需要结合双方谈判实力和技术情况，在技术合同中对知识产权的有效性作出保证，包括权利有效性（权利保证主要是指许可方或转让方应保证其有权进行许可或转让，并保证相关专利权在许可期限内的有效性）和技术本身是否能实现合同目的技术有效性，并在知识产权被宣告无效或缩小保护范围或技术无法实现合同目的的情况下，对相关转让或许可费用的调整作出约定。

建议当事人双方结合所在人工智能技术领域的技术更迭及竞争情况对上述情况作出选择性保证、保证期限和费用调整约定。

需要注意的是，针对合同期间相关标的技术进入公有领域的情形，原转让或许可费用不合理的，当事人一方有权请求法院调整，根据《最高人民法院关于审理技术合同纠纷案件适用法律若干问题的解释》第34条规定："当事人一方以技术转让或者技术许可的名义提供已进入公有领域的技术，或者在技术转让合同、技术许可合同履行过程中合同标的技术进入公有领域，但是技术提供方进行技术指导、传授技术知识，为对方解决特定技术问题符合约定条件的，按照技术服务合同处理，约定的技术转让费、使用费可以视为提供技术服务的报酬和费用，但是法律、行政法规另有规定的除外。依照前款规定，技术转让费或者使用费视为提供技术服务的报酬和费用明显不合理的，人民法院可以根据当事人的请求合理确定。"

（二）知识产权不侵权保证

知识产权不侵权保证条款是技术合同中的常见条款，其内容包括许可方或转让方知识产权不侵犯第三方知识产权，以及被许可方就被许可的知识产权之使用不侵犯第三方知识产权作出保证，通常根据双方谈判地位调整具体保证内容及发生侵权索赔情形后的相关诉权及费用承担约定。

五、人工智能领域知识产权许可之不质疑条款

不质疑条款通常是指在专利实施许可协议中，禁止被许可人对许可的专利权等知识产权的有效性和可强制执行性提出异议的条款。前述条款约定实质上构成了对被许可人挑战相关知识产权的限制，因此有可能因构成非法垄断技术而造成该条款无效。根据《民法典》第850条规定："非法垄断技术或者侵害他人技术成果的技术合同无效。"《最高人民法院关于审理技术合同纠纷案件适用法律若干问题的解释》进一步规定，"非法垄断技术"包括"禁止技术接受方对合同标的技术知识产权的有效性提出异议或者对提出异议附加条件"的情形。因此，在中国法律背景下，此等不挑战条款有效性存疑。建议许可双方应基于许可合同类型、双方谈判地位、费用、是否涉及特定知识产权（如标准必要专利）等方面特别注意该等条款的有效性。此外，特别注意在协议中纳入"有效性分割"条款，保证该条款的无效不影响其他条款的效力。

六、人工智能领域知识产权许可或转让涉及进出口合规

根据《技术进出口管理条例》第2条规定，技术进出口，是指从中华人民共和国境外向中华人民共和国境内，或者从中华人民共和国境内向中华人民共和国境外，通过贸易、投资或者经济技术合作的方式转移技术的行为。其中，转移技术的行为包括专利权转让、专利申请权转让、专利实施许可、技术秘密转让、技术服务和其他方式的技术转移。

根据《技术进出口管理条例》，技术的出口分为自由出口技术、限制出口技术和禁止出口技术，《中国禁止出口限制出口技术目录》中与人工智能相关的技术，基本上均归为限制出口技术。

因此，人工智能领域技术涉及进出口的，相关当事人需要按照相关法律法规的规定程序申请取得相关主管部门的技术进出口许可，否则根据《技术进出口管理条例》的规定需要承担包括行政责任和刑事责任。如果情节尚不构成刑事责任的，违法进行技术出口的相关主体可能会被给予警告，没收违法所得，处违法所得1倍以上5倍以下的罚款，直至撤销其对外贸易经营许可等。如情节严重的，应依照《中华人民共和国刑法》关于走私罪、非法经营罪、泄露国家秘密罪或者其他罪的规定，依法追究违法技术出口经营者的刑事责任。

此外，若技术出口经营者受到行政处罚或刑事处罚，那么自行政处罚决定生效之日或者刑事处罚判决生效之日起，国务院有关部门可以在3年内不受理该经营者提出的进出口配额或者许可证的申请，或者禁止该经营者在1年以上3年以下的期限内从事有关技术的进出口经营活动。

总体而言，技术企业许可和转让模式需要结合实际情况具体选择，而对于人工智能领域的技术而言，基于技术更迭、主体复杂等行业特性，需要仔细审慎该领域技术合同内容，除了合同适用主体、权利类型、用途（使用权、特定产品制造权及销售权等）、期限、地域限制、费用及其支付方式、第三人权利侵权责任、保密、违约及争议解决等方面的约定之外，建议重点关注改进成果权属及收益分配、回授权之约定、有效性及不侵权、不质疑条款等保证，此外，还需要注意对交易方、交易本身涉及技术进出口方面的合规审查，各方应当关注技术合同项下可能触发的法律问题，仔细审慎相关条款，以有效规避风险，保障利益。

第三节　人工智能领域的投融资并购

一、人工智能领域的投融资概况

人工智能领域是一个非常庞大的概念，其中，在基础层有研发和制造智能芯片、智能传感器，开发和提供大数据、云计算、物联网服务等人工智能相关企业；在技术层有提供智能语音、计算机视觉等技术支撑的人工智能相关企业；在应用层有围绕制造、医疗、教育、物流、零售、金融等需求，研制智能机器人、智能运载工具的人工智能相关企业。以下围绕人工智能领域各行业投融资并购法律问题涉及的一般共性问题进行初步分析，供人工智能领域的企业、投资方等从业者参考。

根据IT桔子《2021—2022年中国人工智能创投数据报告》显示，截至2021年底，中国人工智能领域发生投资并购事件共7442起。近10年来，中国人工智能投融资数量整体呈上升趋势。尽管在2019—2020年数量出现了下降，但仍保持较高的数量水平，随后在2021年人工智能行业投融资事件数量增长至1132起，逐渐恢复至巅峰水平。随着投融资事件的增加，投资金额也发生了变化。在2014年及以前，投融资全年金额仅仅在百亿、十亿级别徘徊，2015年之后投融资金额上升至千亿级别，2021年创造了新纪录投融资金额达到3996亿元。[①]

随着人工智能领域投融资交易数量和投融资金额的不断增加，投资阶段也从早期不断发展到更为成熟阶段，从最大化促进投融资双方利益

① IT桔子:《2021—2022年中国人工智能创投数据报告》，载微信公众号“IT桔子”，2022年3月1日发布，https://mp.weixin.qq.com/s/XpLEu5aYwD4EBi1xdHoQFw，最后访问时间：2022年10月21日。

保护角度，该领域从业者、投融资双方都有必要关注和重视该领域投融资的法律问题，准确认知其潜藏的法律风险。

二、人工智能领域投融资重要法律问题

（一）国家安全审查及技术出口

在涉及跨境投融资或涉跨境业务时需要考虑国家安全及技术出口限制或禁止的问题，并在相关交易谈判及交易交割安排中考虑相关问题并作出提前准备。

根据《鼓励外商投资产业目录》，自2021年1月27日起，国家层面和地区层面鼓励人工智能领域的外商投资。外国投资者将受益于优惠政策，如对进口设备免征关税、享受优惠地价、放宽土地使用管制以及降低企业所得税。需要注意的是，2020年12月19日，国家发展和改革委员会、商务部联合发布了《外商投资安全审查办法》，自2021年1月18日起施行。根据《外商投资安全审查办法》规定，其适用于包括自贸试验区在内的全国范围内的外商投资，由国家发改委下属、商务部共同牵头的工作机构负责外商投资的国家安全审查工作。考虑到《外商投资安全审查办法》中提到的行业类型，包括技术、信息技术、互联网产品和服务等，以及《出口管制法》引入的限制，人工智能领域的外资可能会受到国家安全审查。在技术进出口禁止或限制方面，需要关注《中国禁止出口限制出口技术目录》，其中涵盖部分人工智能算法成果，涉及该等技术的对外交流和交易可能受到限制。

（二）反垄断审查

融资并购在我国反垄断规制中主要是经营者集中行为，根据《反垄断法》第25条规定："经营者集中是指下列情形：（一）经营者合并；（二）经营者通过取得股权或者资产的方式取得对其他经营者的控制权；（三）经营者通过合同等方式取得对其他经营者的控制权或者能够对其他经营者施加决定性影响。"

根据2022年《国务院关于经营者集中申报标准的规定（修订草案征求意见稿）》第3条规定，达到以下标准的经营者集中需要进行反垄断申报：（1）参与集中的所有经营者上一会计年度在全球范围内的营业额合计超过120亿元（原为100亿元）人民币，并且其中至少两个经营者上一会计年度在中国境内的营业额均超过8亿元（原为4亿元）人民币；（2）参与集中的所有经营者上一会计年度在中国境内的营业额合计超过40亿元（原为20亿元）人民币，并且其中至少两个经营者上一会计年度在中国境内的营业额均超过8亿元（原为4亿元）人民币。

此外，前述征求意见稿第4条还新增了一项标准："经营者集中未达到本规定第三条规定的申报标准，但同时满足下列条件的，经营者应当事先向国务院反垄断执法机构申报，未申报的不得实施集中：（一）其中一个参与集中的经营者上一会计年度在中国境内的营业额超过1000亿元人民币；（二）本规定第二条第（一）项所规定的合并其他方或第二条第（二）项和第（三）项所规定的其他经营者市值（或估值）不低于8亿元人民币，并且上一会计年度在中国境内的营业额占其在全球范围内的营业额比例超过三分之一。"

在投资并购前期，标的公司及相关资方就应当提前对反垄断监管做出必要充足的准备工作，确保交易顺利推进并交割。

（三）技术保护方面

人工智能行业属于技术密集型行业，在技术研发以及产品和解决方案开发过程中，涉及较多专利及软件著作权等知识产权的授权与许可。相关标的公司需要做好自身的知识产权的申报、保护及布局，避免侵犯他人知识产权，以及对未来与潜在竞争对手或第三方产生知识产权纠纷的应对制度。同时，除了专利和软件著作权之外，人工智能企业更是以其一系列非专利技术作为自身的核心竞争力，技术保护必须建立完善的保密制度并相应落实执行。若相关企业相关保密制度执行不当，则存在因核心技术泄密给标的公司未来利益带来重大不利影响的风险。

相关技术方面的情况，无论是专利、著作权还是技术秘密，均需要企业及投资方自身在投融资交易前进行全面的知识产权尽职调查，就其相关法律状态进行梳理并就相关法律问题提出应对方案，最终体现到后续的交易法律文本及交割安排中。

（四）核心人员方面

人工智能行业对人才的需求旺盛，且对人才要求标准较高。公司的技术开发需要一大批具备专业领域先进技术和专业能力的高素质、高技能的人才。随着行业规模的不断增长，人工智能企业对于核心人才的竞争日趋激烈。竞争激烈导致人员流动量大，相关创始人在原单位研究开发成果及后续改进、与原单位知识产权权属约定、权益纠纷等往往会对标的公司自身的核心竞争力造成影响。此外，很多创始人一般从高校、科研机构等单位离职或兼职创业，可能还受到相关高校、科研单位技术人员兼职或离职创业、党员领导干部对外投资相关法律法规规定及单位内部相关管理制度限制。

在相关投融资尽职调查阶段及交易法律文件条款设计时，不仅需要关注企业的核心人员团队组成背景、原单位就职情况（是否属于高校、科研单位科技人员）、现单位全职或兼职情况，相关劳动合同、知识产权归属、竞业限制等配套协议文本签署及终止情况，而且需持续加强对核心人才激励和新人才引进，关注已有股权激励方案或未来在交易股权结构设计中对股权激励提前予以设计。

（五）个人信息保护、数据安全及网络安全

针对一般人工智能企业而言，在相关业务中收集数据和信息及处理是非常常见且必要的环节，而随着我国相关法律法规的陆续施行，我国在个人信息和生物特征采集领域方面的规定已日趋明确和完善。自2017年以来，我国颁布了一系列涉及个人信息、生物特征采集等相关规定的法律法规及行业规范，主要包括：（1）2017年6月1日起施行的《网络安全法》；（2）2021年1月1日起施行的《民法典》；（3）2021年9月1日施行的《数据安全法》；（4）2022年2月15日起施行的《网络安全审查办法》；（5）2021年8月1日起施行的《最高人民法院关于审理使用人脸识别技术处理个人信息相关民事案件适用法律若干问题的规定》；（6）2020年10月1日起施行的《信息安全技术　个人信息安全规范》（GB/T 35273—2020）；（7）2021年11月1日起施行的《个人信息保护法》。上述法律法规及行业规范主要规定了个人信息收集使用的基本原则、相关信息处埋者的合规义务以及个人信息主体的权利保护等内容。

投融资双方需要在投融资交易前特别就该事项进行全面的法律尽职调查，包括标的公司是否采取了法律规定的安全保护技术措施，制定了完善的个人信息保护制度，特别是敏感数据、个人信息出境等问题，以及关键信息基础设施安全，是否存在发生信息泄露、篡改或非法提供情形，或获取或处理信息而受到行政处罚或被提起诉讼的情形，数据来源是否存在违反相关法律规定的情形等，并就该事项相关法律问题提出应对方案，提前做出准备和处理，并最终体现到后续的交易法律文本、交割安排中。

整体而言，在人工智能企业投融资并购过程中，投融资双方需要在交易前进行全面、细致的法律监管环境调查、对标的公司的法律尽职调查，其中特别注意包括前文所述国家安全及技术出口、反垄断、境外限制、技术保护、核心人员、个人信息保护及数据安全等该法律问题和风险，并在相关交易结构设计、交易文本、交割安排中进行考虑，全面、细致、合理地设计各项标的公司陈述、保证及披露条款，就双方权利义务及责任进行提前约定，避免投资人利益遭受不必要的减损，也避免为融资方自身的企业经营设置不合理的僵化条款，阻碍企业长远发展。同时在后续的交割和交割后持续关注上述重要方面的法律问题，及时妥善处理和应对宏观政治环境、法律环境、行业商业风险及标的企业自身经营风险提出的各类挑战。

第四节 人工智能企业科创板上市知识产权审核要点

科创板是独立于现有主板市场的交易板块，实行以信息披露为核心的注册制，该板块上市企业以科创型企业为主。自2019年6月13日科创板正式开板，截至2022年8月31日，科创板全部459家公司通过半年度报告、上市公告书等形式披露了2022年半年度主要经营业绩信息，营业收入和净利润均实现了较快增长，呈现出较强的发展韧性与活力。2022年上半年，科创板公司共计实现营业收入5195.01亿元，同比增长33%；实现归母净利润585.58亿元，同比增长20%；实现扣非后归母净利润502.33亿元、同比增长29%。超七成公司营收增长，85家公司营收增长50%以上，31家公司营收翻番，两成公司营收超过10亿元；超五成公司归母净利润实现增长，107家公司净利润增长50%以上，超一成公司净利润增幅超过100%，最高达18倍。①

一、科创板上市的知识产权审核规则

（一）科创板上市的基本流程

科创板上市需要经过受理、问询、上市委审议、提交注册、注册生效5个阶段（图4–1），截至2022年9月27日，共有823家企业在科创板提交注册申请，注册项目状态显示，科创板处于已受理状态的企业有6家，处于已问询状态的企业有104家，处于上市委审议状态的企业有2家，处于提交注册状态的企业有33家，处于注册生效状态的企业有550家，处于中止及财务更新状态的企业有2家，处于终止状态的企业有166家。

---

① 《依托科技创新提升发展的韧性和活力，科创板公司完成2022年半年度报告披露》，载上海证券交易所官网，http://www.sse.com.cn/star/media/news/c/c_20220831_5707931.shtml，最后访问时间：2022年10月21日。

图4-1 科创板上市基本流程

（二）科创板上市的行业要求

根据2020年7月10日修正的《科创板首次公开发行股票注册管理办法（试行）》第3条规定，发行人申请首次公开发行股票并在科创板上市，应当符合科创板定位，面向世界科技前沿、面向经济主战场、面向国家重大需求。优先支持符合国家战略，拥有关键核心技术，科技创新能力突出，主要依靠核心技术开展生产经营，具有稳定的商业模式，市场认可度高，社会形象良好，具有较强成长性的企业。

2021年4月修订的《上海证券交易所科创板企业发行上市申报及推荐暂行规定》第4条规定，申报科创板发行上市的发行人，应当属于新一代信息技术领域、高端装备领域、新材料领域、新能源领域、节能环保领域、生物医药领域等行业领域的高新技术产业和战略性新兴产业。其中，人工智能被划归为新一代信息技术领域。2019年7月22日，科创板首批25家公司鸣锣上市，其中就包含人工智能计算机视觉领军企业虹软科技股份有限公司，成为科创板人工智能第一股。此后，中科寒武纪、旷视科技、云从科技、海天瑞声等多家人工智能企业定位软件和信息技术服务业，或者计算机、通信和其他电子设备制造业提交科创板注册申请。其中，云从科技是一家提供高效人机协同操作系统和行业解决方案的人工智能企业，其于2020年12月3日提交科创板注册申请，经历了两轮问询后，在2022年4月6日注册生效。另外，国内专业的对话式人工智能平台型公司思必驰科技于2022年7月15日提交科创板注册申请。

二、人工智能企业科创板上市的知识产权审核要点

科创板最新审核趋势为筛查并推荐真正符合科创板定位的“硬科技”企业，知识产权相关问题成为审核要点，总体而言包括六大IP问询核查要点：

第一，核心技术独立性：（1）知识产权和核心技术对主营业务的支撑；（2）核心技术的先进性、成熟度；（3）知识产权的来源（包括许可、委托研发、合作研发、共有）。

第二，知识产权风险：（1）知识产权权属风险；（2）知识产权侵权风险；（3）知识产权稳定性（无效风险）。

第三，研发独立性：（1）合作研发较多或存在外部技术、人员依赖；（2）核心技术来自第三方；（3）研发投入及研发人员占比。

第四，核心技术人员：（1）核心技术人员的认定依据；（2）核心技术人员的稳定性、依赖性；（3）核心技术人员与前任雇主的关系。

第五，贸易保护政策：列入“实体清单”的不利影响及应对措施。

第六，科技伦理与数据安全：（1）数据来源及合法合规性；（2）科技伦理风险。

以下就审核重点方面进行具体阐述。

（一）知识产权质量问题

知识产权的质量与科技先进性密切相关，上市委往往会问询企业的知识产权是否能够反映出技术的先进性。据统计，第一批科创板受理企

业有效专利以发明为主，占比达到45.3%，发明专利平均维持年限达到5.3年，分别是科创企业整体水平的2倍，一定程度上反映了科创板受理企业专利质量水平相对较高。[①]为了说明专利的质量，申报企业可以从核心专利的被引用次数、维持年限、产业共性专利、专利中的关键性能指标等角度进行分析说明。

竞争对手通过无效知识产权的方式来阻碍上市进展已经成为常用的商业竞争策略，尤其是对于形成主营业务收入的专利、核心技术或核心产品对应的专利。例如，在国内消费级智能投影仪龙头成都极米科技股份有限公司上市审核的过程中，深圳光峰科技股份有限公司对其招股说明书中披露的全部16项发明专利均请求宣告无效。[②]这就对科创板企业知识产权质量提出了更高的要求。

（二）知识产权权属问题

实务中，易引起权属纠纷的事由包括因职务发明归属导致的争议、因合作或委托开发过程中未对知识产权归属进行约定或约定不明而发生的争议。

1.职务发明纠纷

拟上市企业中，很多核心技术人员是从原单位离职后创业，或者是

---

① 《中国科创企业全景洞察报告》，国家知识产权大数据应用研究基地，2019年7月。转引自程强、连慧：《科创板上市之知识产权相关问题研究》，载微信公众号“大成律师事务所”，2021年10月12日发布，https://mp.weixin.qq.com/s/E-q01QwaXuFvpmXEkIuNBw，最后访问时间：2022年10月21日。

② 《深圳光峰科技股份有限公司关于对成都极米科技股份有限公司发明专利提出无效宣告请求的公告》，https://q.stock.sohu.com/newpdf/202040766848.pdf，最后访问时间：2022年10月21日。

高校在职人员兼职创业，因此核心技术人员在拟上市企业中所研发形成的核心专利是否与原单位或者高校存在权属争议，是上市委重点关注的问题。虹软科技股份有限公司在上市申报反馈中要求回复问题："请发行人……（2）说明实际控制人、董事、高级管理人员、核心技术人员是否存在违反与曾任职单位之间的竞业禁止协议或保密协议的情况……（5）D某与Z某发明专利数占公司所有发明专利比例高于10%，两人已于2005年从公司离职，以上两人离职的原因，是否与发行人在专利权属方面存在纠纷……"①

2.合作开发和委托开发中的知识产权权属问题

在科创板上市过程中，如果拟上市企业与其他企业、高校、研究中心存在合作、委托关系，上市委通常会就委托、合作开发的技术对企业是否具有独立研发能力、权利归属以及权利使用是否存在限制进行问询。

中科寒武纪在招股说明书中披露其与中科院存在技术授权、委托开发协议及人员兼职情况，上市审核委反馈要求其说明：（1）中科院计算所许可使用的知识产权在发行人产品中的具体应用情况，是否涉及核心技术、产品；（2）委托研发的分工及各自发挥的作用，中科院计算所授权发行人使用研发成果的期限、是否为独占许可，在发行人核心技术、产品中的运用情况；（3）结合前述技术授权、委托开发协议及人员兼职情况，分析发行人是否对中科院计算所存在人员、技术上的依赖，并充

① 《关于虹软科技股份有限公司首次公开发行股票并在科创板上市申请文件的第二轮审核问询函回复》，第134页，http://static.sse.com.cn/stock/information/c/201905/ae2259cb81814040a0b9e5a40a086aed.pdf，最后访问时间：2022年10月21日。

分揭示相关风险。[①]

3.数据及伦理相关的合法合规性问题

随着《数据安全法》《个人信息保护法》等法律的出台，数据安全和个人信息的保护与监管日益趋严，而人工智能企业的技术及产品往往会涉及数据、个人信息的采集、使用等，因此，证券监管部门对数据合规性较为关注。

旷视科技在其招股说明书中披露了其核心技术中包括系统层及算法层，涉及数据的处理、清洗和管理能力，算力的共享、调度和分布式能力，以及算法的训练、推理及部署能力。上市审核委问询要求其说明：（1）发行人技术、业务及产品（或服务）中涉及数据采集、清洗、管理、运用的具体环节；不同环节涉及的数据的具体类型，文字、图像、视频等具体情况；（2）发行人自身核心技术（如算法的训练、系统的搭建等）是否涉及大量数据的应用，如是，相关数据的来源及其合规性；（3）发行人对外提供的产品（或服务）是否涉及数据的采集运用，如是，说明数据的来源及其合法合规性；（4）发行人保证数据采集、清洗、管理、运用等方面的合规措施；（5）发行人的数据来源中是否包含向供应商采购，如是，请说明是否在相关合同中约定数据合规的条款或措施，并结合《民法典》《网络安全法》《个人信息安全规范》《数据安全法》《个人信息保护法》等相关规定，说明相关措施是否能切实保证发行人不出现数据合规风险或法律纠纷；（6）结合发行人的产品交付及部署模式，说明发行人的产品（或服务）中涉及用户的个人数据的情形和场景，该等

① 《关于中科寒武纪科技股份有限公司首次公开发行股票并在科创板上市申请文件的审核问询函之回复报告》，第76页，http://static.sse.com.cn/stock/information/c/202005/974c91285f304e0a86eb75e66a8af521.pdf，最后访问时间：2022年10月21日。

数据的运用、管理及其合规性；（7）发行人产品至今是否面临数据合规方面的诉讼或纠纷；并请结合相关公开报道，说明发行人数据的合规性。①

科技伦理风险也是人工智能企业上市审查需要关注的问题，在旷视科技科创板上市一轮审核问询函中，发行人被要求说明关于数据合规及科技伦理的问题：（1）公司在研发和业务开展过程中落实相关责任、遵守伦理相关规范和标准的措施及执行情况；（2）结合境内外法律法规、技术规范、行业共识等，进一步分析公司在保证人工智能技术可控、符合伦理规范的措施和规划，公司在技术开发和业务开展过程所面临的伦理风险。②公司通过梳理回复，其在人工智能伦理方面搭建了以伦理道德委员会以及人工智能治理研究院为核心的组织架构，确定了公司内部在业务执行过程中的应用准则，并努力采用技术手段解决人工智能面临的伦理道德问题；其积极参与国家以及行业层面关于人工智能政策的探讨、积极探索人工智能道德伦理与治理工作的落地路径。公司通过上述思路进行论证说明其符合数据及科技伦理合规。

三、拟科创板上市人工智能企业知识产权合规建议

拟科创板上市人工智能企业要关注上市委的审核和问询要点，注重信息披露与审核的内在逻辑，结合行业特点做好知识产权合规管理。以下围绕前述要点问题，提出以下建议供拟科创板上市企业参考。

---

① 《关于旷视科技有限公司首次公开发行存托凭证并在科创板上市申请文件的审核问询函之回复》，第302页，http://static.sse.com.cn/stock/information/c/202105/c0283f8ad8134a08a50b07b5c12b1af2.pdf，最后访问时间：2022年10月21日。

② 《关于旷视科技有限公司首次公开发行存托凭证并在科创板上市申请文件的审核问询函之回复》，第313页，http://static.sse.com.cn/stock/information/c/202105/c0283f8ad8134a08a50b07b5c12b1af2.pdf，最后访问时间：2022年10月21日。

（一）提高知识产权质量

针对科创板上市过程中频发的专利无效申请，拟科创板上市人工智能企业不仅可以在无效过程中通过对比文件的适用性、对比文件未能披露专利的新颖性等角度应对，还可以在上市前针对自有专利进行稳定性分析，检索是否存在可能无效自有专利的对比文件，针对稳定性不强的专利提前规划应对策略，以避免达不到科创板上市的硬性指标而导致上市搁置。另外，在进行专利申请时做好查新检索工作，提高专利授权概率，降低无效风险。

同时，拟科创板上市人工智能企业应在产品立项至推广到市场的多个不同阶段，做好FTO分析及规避设计，对专利诉讼风险进行提前防范。采用多种策略应对专利侵权诉讼，包括对侵权产品进行先用权抗辩、现有技术抗辩、合法来源抗辩；对目标专利权提起专利无效程序；通过商业谈判购买目标专利或获取目标专利权的许可。

（二）厘清知识产权权属

拟科创板上市人工智能企业应对即将入职的核心技术人员做好相应的背景调查，了解其在原单位的工作内容，以便要求相关人员在后续研发中与原单位的技术进行隔离，尽量避免在该等人员离职后1年之内提出专利申请；并做好研发记录的保存，以作为证明权利归属的证据。

拟科创板上市人工智能企业应与合作方、委托方通过书面形式确定技术的知识产权归属、使用、收益分配方案，务必确保拟上市企业是知识产权的所有人或者共有人。即使约定知识产权归双方共同所有，也应当就知识产权实施方式进行必要限定。例如，禁止单方利用知识产权对外投资、约定转让时的优先受让权、限定单方对外进行许可的权利，从而确保拟上市企业的核心竞争力。

（三）建立健全数据及伦理合规体系

拟科创板上市人工智能企业应在上市前进行全生命周期的数据合规治理布局，将数据合规工作贯穿数据收集、存储、使用、出境的全过程。例如，在数据收集时，确保收集的数据与企业现有业务紧密相关，遵循最小必要原则；确保获得用户明示授权，对于“注册即授权”“默认勾选同意”等非明示方式应予以合规整改；完善用户协议与隐私政策，公开收集、使用规则，明示收集、使用信息的目的、方式和范围。

拟科创板上市人工智能企业引入或成立专业的数据合规团队基于数据源和数据业务调整产品或运营模式、优化底层信息技术架构；数据合规团队持续参与上市申请阶段的数据治理工作；数据合规团队参与回应发审委关于数据合规的问询，把控披露风险，有效降低行政监管、民事甚至刑事风险；此外，企业应当努力采用技术手段解决人工智能面临的伦理道德问题，积极关注和参与国家以及行业层面关于人工智能政策的探讨、积极探索人工智能道德伦理与治理工作的落地路径。

总体而言，自科创板开市以来，汇集了一大批立足于科技创新、保持高研发投入的“硬科技”企业。新一代信息技术领域是科创板受理企业数量最多的领域，覆盖了人工智能、大数据、软件、云计算、半导体和集成电路、电子信息、互联网、物联网等领域。科创板科创属性定位的严格标准明确了企业上市的门槛，突出知识产权作为科创属性的评价指标之一，能够更好地发挥资本市场对提升科技创新能力和知识产权竞争力的支持功能。知识产权作为科创板上市的硬核指标，发挥着越来越重要的作用。对于拟科创板上市人工智能企业而言，应尽早梳理企业的知识产权问题，提升企业知识产权管理能力，完善信息留存和披露制度，为成功登陆科创板打下坚实基础。

图书在版编目(CIP)数据

中国人工智能合规建设与知识产权法律实务 / 王红燕著. — 北京：中国法制出版社，2023.1

ISBN 978-7-5216-3197-5

Ⅰ. ①中…　Ⅱ. ①王…　Ⅲ. ①人工智能－知识产权法－研究－中国　Ⅳ. ①D923.404

中国版本图书馆CIP数据核字(2022)第224729号

责任编辑：成知博　　封面设计：周黎明

中国人工智能合规建设与知识产权法律实务

ZHONGGUO RENGONG ZHINENG HEGUI JIANSHE YU ZHISHI CHANQUAN FALÜ SHIWU

著者 / 王红燕

经销 / 新华书店

印刷 / 三河市国英印务有限公司

开本 / 710毫米 × 1000毫米　16开　　印张 / 15.5　字数 / 192千

版次 / 2023年1月第1版　　2023年1月第1次印刷

中国法制出版社出版

书号 ISBN 978-7-5216-3197-5　　定价：58.00元

北京市西城区西便门西里甲16号西便门办公区

邮政编码：100053　　传真：010-63141600

网址：http://www.zgfzs.com　　编辑部电话：010-63141809

市场营销部电话：010-63141612　　印务部电话：010-63141606